厦门文学艺术人物系列专辑

厦门市文学艺术界联合会 编

作家 文学评论家

朱水涌

中国文史出版社

图书在版编目（ＣＩＰ）数据

作家、文学评论家朱水涌 / 厦门市文学艺术界联合
会编. -- 北京 ：中国文史出版社，2023.5
（厦门文学艺术人物系列专辑）
ISBN 978-7-5205-4412-2

Ⅰ．①作… Ⅱ．①厦… Ⅲ．①朱水涌－事迹 Ⅳ.
①K825.6

中国国家版本馆CIP数据核字(2023)第205931号

责任编辑：刘华夏
小传撰稿：叶悦天

出版发行：**中国文史出版社**
社　　址：北京市海淀区西八里庄路69号院　　邮编：100142
电　　话：010－81136606　81136602　81136603　81136605（发行部）
传　　真：010－81136655
印　　装：厦门中天华成文化传媒有限公司
经　　销：全国新华书店
开　　本：787mm×1092mm　1/16
印　　张：10.75
字　　数：143 千字
版　　次：2024年4月北京第1版
印　　次：2024年4月第1次印刷
定　　价：90.00元

《厦门文学艺术人物系列专辑》编委会

主　任：陈　影

副主任：王　元　陈春洋　苏　璇

委　员：李长福　刘堆来　杨景初　张立平

　　　　林丹娅　曾学文　陈　斌

《作家　文学评论家朱水涌》编委会

策划制作：厦门文广影音有限公司

总策划：陈　影　钟　元

主　编：陈元麟

主任编辑：杜杉杉　黄永成

编　辑：黄焜杬

装帧设计：乾　羽

统　筹：杨秀晖

总序

素有"海上花园"称誉的厦门四季如春，人文荟萃。

中华人民共和国成立以来，尤其是建设经济特区以来，厦门市委、市政府一手抓经济建设，一手抓文化建设，全市文艺事业生机勃勃、硕果累累，文学、戏剧、电影、电视、音乐、舞蹈、美术、摄影、书法、曲艺及民间文艺等领域，呈现繁花似锦、姹紫嫣红的生动局面，涌现出许多优秀作家、艺术家。这些文艺界代表人物对厦门的文艺事业做出过积极贡献，产生过积极影响，为厦门文化建设注入了丰富的内涵，是不可多得的文化资源和精神财富。

为了进一步贯彻落实党的文艺方针政策，传承与发展厦门市文艺事业，推动厦门文化大发展大繁荣，厦门市文联决定编辑出版《厦门文学艺术人物系列专辑》，以音像和图文记录的方式，生动再现厦门文艺界代表人物的亮丽风采，总结他们毕生从事文艺创作的宝贵经验。

我们希望，这套系列专辑的出版发行，能让更多的人近距离、多视角地了解厦门文艺事业的发展，更亲切地感受厦门文艺界人物的无私奉献和辛勤努力。

我们相信，先人匠心独运的艺术创造将成为后人的精神资源，前辈攀登的高峰将成为后辈接力前行的起点。

江山代有才人出，我们正经历着一个伟大的时代，而伟大的时代又必然催生伟大的文学艺术作品和优秀的作家、艺术家。一切有理想有抱负的文艺工作者，都要担起时代赋予的神圣使命，更加自觉、更加主动地追求德艺双馨，更好地履行"人类灵魂工程师"的神圣职责，积极投身于高质量的厦门建设，努力创作出无愧于我们这个朝气蓬勃时代的精品力作。

《厦门文学艺术人物系列专辑》编委会

目录

第四辑　附录

第一辑　小传

　　朱水涌，原名朱水永，作家、文学评论家，1949年10月17日生于厦门市同安县马巷镇。厦门大学中文系教授，博士生导师，曾任厦门大学人文学院副院长、厦门大学国家级教师教学发展示范中心常务副主任、福建省比较文学学会会长、厦门市作家协会副主席、厦门市闽南文化保护专家委员会副主任，第九届、第十届、第十一届厦门市政协委员，中国作家协会会员，原中国当代文学研究会、中国新文学学会、中国比较文学学会、中国小说学会理事。主持与完成国家社科基金项目4项，出版专著13种，发表论文200多篇，主编著作32部，创作电视纪录片与舞台剧作多部。曾获中国当代文学研究成果优秀奖，中国电视奖二等奖、三等奖，国家级教学成果二等奖，福建省教学成果一等奖、二等奖，4次获福建省社科优秀成果三等奖。

童年与少年：玩的学的是心跳

  1949年10月17日，厦门岛的神山飘起厦门的第一面五星红旗。这一天，马巷古镇的一座两落的闽南大厝里，传出一阵响亮的婴儿啼哭声，朱水涌在厦门解放这一天出生了。后来朱水涌在《共和国的同龄人》中写道："我不知道那一天厦门到底是硝烟弥漫还是锣鼓喧天，只记得奶奶后来说：'你出世时叫得很大声，两只小脚蹬个不停，一家人见到你两腿间的那个'小茶壶'，欢喜得上了天一样。'"添丁进财，家族中生了个男孩，这对于老一辈闽南人来说，可谓上天的恩赐。因为五行缺水，父亲给他取名朱水永。读中学时，语文老师出了个谜语让班上学生猜，谜面是毛泽东的诗句"红雨随心翻作浪"，谜底是一个学生的名字，朱水永自己就猜中了，从此以朱水涌作为笔名，学的是作家既有实名，还有笔名。

▲ 幼儿时的全家福，奶奶怀中的朱水涌（前排左三：母亲蔡甚，后排居中：父亲朱金明）

马巷是八闽大地著名的文化古镇，这里三面襟海，一面罗山，地势由南部、北部高处走向东部、西南部低处，汇入浩瀚的大海，形同扬帆破浪之舟，所以自古又称"舫山"，史上记载为"七泉之巨郡，南北之要冲"。清乾隆年间马巷设立泉州府马巷厅，"专司河海之防"，不仅"店铺栉比，烟火万家""人居稠密，商贾辐辏"，而且因"紫阳过化"而"文风鼎盛"。朱水涌老家是马巷一座典型的闽南大厝，坐西朝东，坐落于福厦公路边。新中国成立后厦门是海防前线，朱水涌老家前方几公里外就是马巷军用飞机场，那里驻扎着一个解放军炮团，往南10里左右是被誉为"英雄三岛"的大嶝、小嶝和角屿。那里是厦门海防前线的最前沿，戒备特别森严，是小孩想象中一块战火纷飞的土地。朱水涌开始睁开眼睛看世界的时候，见得最多的是从家门口开过的隆隆战车和军队，战车插着相思树枝，站在战车上的解放军战士也都戴着相思树的枝叶圈成的头箍。老家的大厝，也经常是解放军临时驻扎的地方，一旦解放军驻扎到家里，家里便会响起"嘀嘀嘀"的电报声，这是一个小孩见到的厦门海防前线的战备情景。

朱氏家族从祖父开始便经营榨油厂，称"振盛油坊"，是马巷镇解放前有名的私人企业。油坊公私合营后成为马巷土榨油厂，父亲是油厂的副厂长。因为是开油坊的，老家门口便辟了一块很大的晒花生用的广场，左邻右舍称它"油坊埕"。振盛家族中年龄与朱水涌相仿的孩子有近20个，每天下午放学后，在学校关了一天的兄弟姐妹们把书包往床上、桌上一甩，就奔到屋外的"油坊埕"上，会合成一支颇具规模的游戏队伍。那时没有电视看，没有电子游戏打，更没有手机玩，但屋外的世界

▲ 朱水涌出生在这座闽南大厝

5

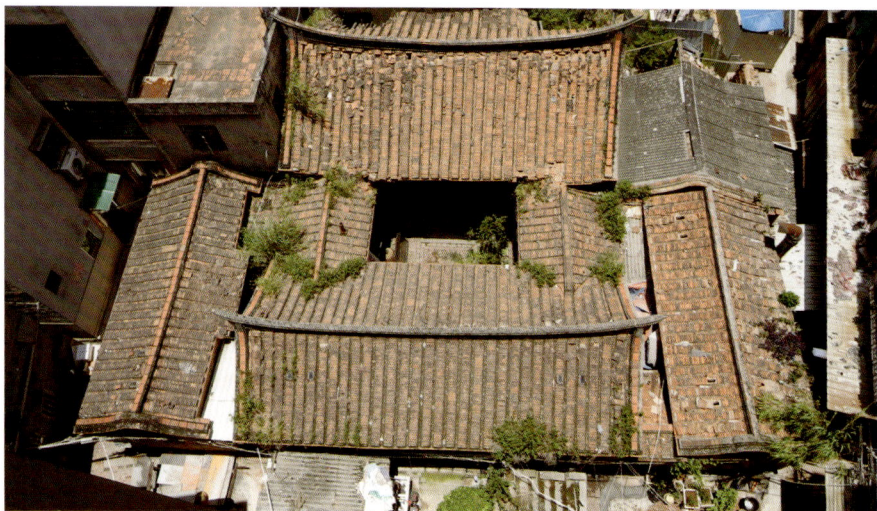

▲ 朱水涌出生在这座闽南大厝

很热闹，在天空与大地之间，孩子们可以尽情地嬉戏游乐，根据时令的转换，轮番玩着"钉"陀螺、撞壁钱、过五关、跳"状元"、丢珠珠、斗蟋蟀、转车圈、旋蜻蜓……名堂很多，玩法不一。在闽南，男孩子早早有了男子汉意识，他们不爱跟女孩子"过家家"，也不玩女孩子们踢毽子、跳绳之类的运动，他们最热衷也玩得最热烈、最刺激的是带有厮杀意味的打野仗。

打野仗必须数十人一起玩儿，一仗打下来也得有一两个小时，所以常常是放在星期六、星期天的下午或有月亮的晚上。几十名孩子分成两支对立的队伍，各占据一方领地。先是打阵地仗，用松软的小土块对打，土块满天飞舞，砸到地上、墙角、树干，便尘土飞扬，颇为壮观；土块砸到人，自然也要见血，但没人会哭，没人会退出火线，很有一种英雄主义气概。阵地仗是打不久的，孩子总心急火燎地要战胜别人，要当战斗英雄，便开始有人"冒着敌人的炮火前进"了，或冲锋在前，或绕道偷袭，阵地仗就发展到肉搏战阶段。双方短兵相接，用的武器是孩子们用木头、竹片自制的大刀宝剑。此时，从戏剧舞台上、连环画上看到的加上想象的杨家将、岳家军的本领就派上用场了，刀砍、剑架、枪刺都是动真格的，只是不能太伤人。招架不住就跑，对方就追，这时战场就会往野地上延伸。这一跑一追中有人就被抓成了俘虏，送到对方的领地，不能再战斗了。如此地玩下去，倘若有一方当俘虏的人多了，失掉了战斗力，就要认输。赢的一方就是八路军、游击队、解放军，输的一方就是矮日本、白匪军、汉奸队。赢的一方掌有指定下一轮野战开战时间、地点和人数的权力，输的一方只能等待赢方的命令，直至在另一次野战中胜利了扳回了面子才能罢休。这是孩子间一种不成文的规矩。这个游戏，要勇猛，还得机智，得有听将令的习性，幸而对方也不是真的敌人，动起武来也不能全凭野性呼唤，激战中有温情，情谊中有抗争，是很有趣很开思路的童年游戏。朱水涌虽然个子矮小，力量也不是最大的，但打野战时总是担任着司令的角色，是个孩子头，孩子们都服他。或许在孩提之时，这个来自闽南古镇的小个子，便显示出一种气场，正如日后大家说他"很有气场"。

　　当年小学分初小与高小，马巷中心小学的初小设在舫山书院，这是清朝时期建起来的书院，是马巷"紫阳过化"的一个象征。朱水涌的小学一、二年级便是在舫山书院度过的。书院离他家只有200米左右，这个没上过幼儿园的男孩经常下课就溜回家，吃个零食什么的再跑回学校，所以家中的大人们总说他"贪吃"。待他考上大学后，这个小时候"贪吃"的话柄变成"聪明"的例证："他读书轻松，上课时还跑回家吃东西，成绩照旧很好。"书院广场有个马巷最大的露天戏台，一到节日便会有同安芗剧团、同安高甲戏团或马巷文工团在那里唱戏，省里、国家的剧团下来慰问前线军民，也在那个戏台演出，这个戏台熏陶出朱水涌从小爱看地方戏曲的习惯，也让他认识了挂帅出征的穆桂英、佘太君，公正不阿的包公，征东平西的薛仁贵，勤劳能干的田螺姑娘等中国戏曲人物。

　　小学三年级时，他从舫山书院转到马巷中心小学上课，马巷人把马巷中心小学校地址叫六路口，这是因为那里有一座年代悠久的"大六路"建筑。朱水涌从家到六路口上学，相当于从马巷街头走到街尾，需经过一道拱门廊，穿过马巷中心市场。拱门廊的右边是一间长房，里面住着一位叫阿花的说书人。阿花肤白人胖,坐在椅子上时肚子的肉会相叠在一起。市场大致上午9时就散市,这时阿花就一边摇着葵扇,一边饮吸着一壶茶,开始"讲古"了。阿花"讲古"很好听,抑扬顿挫,有声有色,一讲就是一个上午。当时小学上三节课,上完三节课朱水涌就跑到阿花那里,听他讲狄青平南、薛仁贵征东、张飞大喝长坂坡……下午,阿花的房间里就会聚集着一群老人,操琴击节,咿咿呀呀地吟唱南曲。因为"讲古"的吸引,下午放学后朱水涌也会在阿花的长房逗留一阵,久而久之,也就应了那句"猪母近戏鼓边也会击拍"的俗语,跟着哼几句《八骏马》《梅花操》之类的曲调。朱水涌所具有的闽南民间文化的底蕴,与阿花的长房子、舫山书院的露天戏台是分不开的。

上高小时班主任是许培坤,是厦门著名的书法家,尤为热衷于传承故乡的文化,对朱熹的诗文与书法情有独钟。许培坤老师常常把朱水涌拉到自己身边,将自己购买的《春秋》《左传》《史记》《今古奇观》《世说新语》的简写本借给他,要他带回家一本一本地读完。假日里也要自己的这位学生到他家,看他写字,让他谈谈读书的体会。也就在这个时候,学会阅读的朱水涌读起了《林海雪原》《烈火金刚》《苦菜花》《红岩》等长篇小说。小学五年级时,马巷中心小学又来了一位让朱水涌心仪的老师,他是著名的书画家谢水墨,他的到来为整个学校带来了才子气氛,他的语文课、图画课征服了全校师生。朱水涌爱文学爱画画,却无缘上谢水墨的课,只因谢水墨住宿在舫山书院,他就经常到舫山书院看谢老师作画写字,从此与谢水墨结下了一生的师生情谊。

马巷古镇有个传统,家家户户将撰写春联当作一件门面上的事,即使是在"文革"时也没有断过。当年没有印刷的春联,春联都是自己撰联自己书写,内容与书法皆具个性,独具匠心。春节那天,许培坤、谢水墨、陈瑞琦、朱丁元等一群古镇乡贤,便会邀约在一起,从街头走到街尾,一家一户地巡视品评一副副春联的平仄对仗与书法的遒软松紧。这个时候,朱水涌会被许培坤老师叫到身边,一路听几位乡贤的品评,从小受着这样一种古镇文化熏陶的他,或许就是从品评春联中开始种下了文学批评的种子。

　　家是一个人成长的第一课堂。朱水涌的父亲是位严谨、严厉、办事大气果敢且写着一手漂亮的柳体毛笔字的工商业者，也是振盛家族中享有很高信誉与威望的家长，他的诸多品性都潜移默化地影响着儿子。但更直接影响朱水涌的是毕业于集美商校的大叔朱海水，大叔从事商业却爱好文学，朱水涌就是在大叔的床头首次看到中国的"四大名著"。大叔每天阅读《厦门日报》，遇上《海燕》副刊出刊那天，他就将侄儿叫到跟前，给侄儿讲《海燕》上的文章、作家和人物。朱水涌很清楚地记得，他从《海燕》上认识瞿秋白、陈嘉庚、高云览、鲁藜等人物，大叔会指着《海燕》上的人物对幼小的侄儿说："什么时候叔叔才能看到报纸上刊登你小子的照片？"这句话成了朱水涌童年与少年时期最深刻的记忆。

　　小学毕业后，朱水涌以优异成绩考进重点中学同安一中。离开家，离开小镇，他把童年玩的陀螺、竹子蜻蜓、木头手枪、木头刀剑等装了一箱子，封存起来。直到"文化大革命"发生后，才被父亲连同父亲读的《四书集注》等线装书一起烧了。那时，朱水涌已经19岁了，他不大惋惜那箱童年的玩具，却很伤心父亲的那箱子线装书。

▲ 朱水涌父亲朱金明

　　一位大美学家曾经说过，童年的游戏是最无功利的，是审美的，因此也是艺术的。当朱水涌谈起自己的童年少年时，并不觉得有哪一堂课哪一次考试让他记忆深刻，他将追忆自己孩提时代的散文取名为《童年，玩的就是心跳》，他说他写下这些"玩"的文字，是在记忆一段令他快活、令他自由自在的已无法再现的人生，在追悼生命旅途中日渐消失的童年。

青春岁月：用文学叩开人生之门

朱水涌12岁考进同安一中，同安一中当年是福建省的高考红旗学校。那是个激情燃烧的岁月，作为共和国的同龄人，他的心中更多的是夏伯阳、卓娅和苏拉、黄继光、董存瑞、雷锋、王进喜这些形象，是像"列宁格勒保卫战""上甘岭""八女投江"这样壮怀激烈的历史场面。他和同学们曾吃过稻草面包、各种菜叶子，与共和国一起勒紧了裤腰带度过了三年困难时期；也很坚定地相信"敌人正在一天天烂下去，我们正在一天天好起来"；还因受庄则栋等国手连续三届世乒冠军的激励而特别热衷于打乒乓球。那时中学有两周的劳动课，放在秋收时节，这时学生们要下到农村住在农村帮农民收割庄稼。这个时代的关键词是：艰苦奋斗，勤俭节约；一不怕苦，二不怕死；有条件要上，没有条件也要创造条件上，时刻准备着为共产主义事业奋斗牺牲。朱水涌与他的同龄人坚信"天将降大任于斯人也"，使命在肩，青春的生命，充满了英雄情结和浪漫豪情。也就是在同安一中的这段时间，他因学校没能有像谢水墨那样的美术老师而不再有兴趣画画，转向爱好文艺，学会拉二胡，参加了学校文艺宣传队，经常在两周的秋收期间，在同安一中学生参加秋收的各个村落，进行

▲ 恰同学少年一，拉小提琴者为朱水涌

▲ 恰同学少年二，在井冈山朱德总司令挑粮歇息的树前

巡回演出。同安一中庆祝节日的文艺舞台上，还出现了他给同学的独唱伴奏的身影。

1966年6月，"文化大革命"风暴骤起，学校"停课闹革命"，朱水涌那年读高中一年级。1969年春天，他与千百万知识青年一样，带着火热的激情，上山下乡"接受贫下中农再教育"，下乡到同安县果园公社溪西大队。那些年，全国学习内蒙古的乌兰牧骑和解放军的战士演出队，村村社社都建有毛泽东文艺宣传队，宣传队的演出是那个年代老百姓能分享到的文化生活。朱水涌是同安一中文艺宣传队骨干，"文革"期间又当过群众组织的文工团团长，下乡后便成了溪西大队毛泽东文艺宣传队的编剧、导演和乐队成员，他编写过歌仔戏《红灯照》《保卫珍宝岛》，也参与了当年热门的地方戏曲移植样板戏活动，给大队文艺宣传队排演了歌仔戏《白毛女》，也因此在知青与农民中成了一个有影响的人。

▲ 下乡期间的朱水涌

伴随着几百万同龄人上山下乡的严峻现实，朱水涌与他的同龄人学会了在贫困中思考，在苦难中寻觅。"黑夜给了我黑色的眼睛，我却用它寻找光明"，他在煤油灯下通宵达旦地阅读手抄本的《第二次握手》，偷偷地续写《不能公开的情书》，在穷乡僻壤里阅读着经过千辛万苦才搜寻到的文学名著，从字里行间揣摩着文学的救赎和人类的命运。在那个封闭、艰难、荒诞的历史时空中，文学与文艺成了一代人追寻光亮与内心澄明的灯，成了许许多多知识青年摆脱窘境、走出农村、赢得承认的路径。像当年的知青作家一样，他在上山下乡的日子里开始文学文艺创作，陆续在油印的《同安文艺》发表小歌剧、诗歌和散文等创作，甚至发表歌曲，有10多篇作品。1973年，《福建日报》副刊《武夷山下》刊发了他创作的小歌剧《五斤黄豆》，引起厦门文艺界的注意。

有一天快到午饭的时候，已被聘到同安果园中学当民办教师的朱水涌，见到了三个在他创作过程中产生过重要作用的客人。果园中学是一所农村公社中学，正在开展"劳动建校"，师生们硬是用两只手在坟冢荒山上开辟出学校的操场和平地，整个学校堆满了土堆，翻卷过来的白沙土在烈日下尤为耀眼。朱水涌正准备吃午饭，却见前面的一座土堆冒出三个人头，待到三个人头与他们的身躯完全摆脱土堆的淹没后，他意识到这三个人与众不同。那是仲夏的中午，阳光灿烂得有些刺眼，因为爬过土堆，三个人步履有些艰难，却依然精神抖擞，一边擦着汗一边谈着话向果园中学教师住的平房走来。三人走近平房时，朱水涌便有些激动，他认出其中的两位文学前辈，一位是时任厦门市革委会文艺创作组组长的许宏业老师，许老师经常到同安介绍国内外的文艺创作动态，辅导同安业余作者的文艺创作。1976年粉碎"四人帮"后许宏业老师回到厦大宣传部，后任历史系党总支书记，厦大出版社成立时任党总支书记兼副社长，朱水涌后来便是在他的指点下考进厦大中文系的；一位是当年同安文艺创作的领军人物徐金镛，他是同安业余作者心目中的偶像，其创作的小话剧《一杆步枪》曾获华东地区文艺会演的大奖，剧本就发表在《文汇报》上，是20世纪60年代、70年代厦门文坛上一名骁将，地方戏剧创作尤为老到，同安一些稍有成就的作家，大都是因为他的引导而走上创作道路的；另一位朱水涌倒不认识，高高的个子很是帅气，神态英姿飒爽，很能迷住人，用今天的话说，是位"很有气场的大帅哥"，他的到来，引来了几位女教师和女生的偷看。朱水涌忙迎上去，把他们让进宿舍。经徐金镛的介绍，才知道那位"帅哥"叫蒋贻模（后改名为蒋夷牧），是著名经济学家、厦大校长王亚南的女婿。他是位诗人，也是《厦门文艺》（《厦门文学》杂志前身）的编辑。其时与夫人完成了一部电影剧本《郑成功》，长春电影制片厂正在筹备拍摄，朱水涌到厦大读书时，蒋夷牧已经调到福州（他于20世纪80年代后，先后任福建电影制片厂厂长、福建社科联副主席、福建省文联副主席等职）。许宏业和蒋夷牧从厦门乘公交到同安，然后由徐金镛带着徒步来到位于五显的果园中学。

　　三位文学前辈的到来令朱水涌受宠若惊，朱水涌预感到他们是来与他谈稿件的，因为前些日子他给《厦门文艺》投去了一篇短篇《红缨歌》，那是他根据自己写给果园中学文艺宣传队排演的小歌剧《前线小民兵》再度创作的作品，是朱水涌写的第一篇小说。那时朱水涌虽有《五斤黄豆》这样的作品在省报上发表，却还是个未经世面的"内地"业余文学青年，他渴望着能在铅字印刷的《厦门文艺》上看到自己的名字。在那个什么都极度贫困的年代，文学是千百万知识青年心中最重要的精神寄托，知识青年们用自己的抒写来抚慰自己的心灵，将写作作为摆脱农村艰难生存、改变自身命运的一种生命搏击方式，这才有了后来中国文坛上一个重要现象——知青文学。但当年的文学刊物少得可怜，《厦门文艺》也是一个季度才出版一期，而在文学创作道路上尝试、奋争的知识青年不计其数，本地业余作者要在《厦门文艺》上发表一篇作品简直是一种奢望。朱水涌盼望着能在《厦门文艺》上发表一篇作品，这不仅是对自己创作的一种确证，而且也会让自己的人生出现一丝朦朦胧胧的光。想不到三位厦门文坛的"大佬"自己找上门来，让朱水涌有出乎意料之外的惊喜。

　　朱水涌将客人迎进简陋的房间，用三个牙杯装了三杯开水端给三位客人，四个人便坐在靠背椅与床沿上交谈起来。先是蒋夷牧亮出两本《厦门文艺》第15期，他说："《红缨歌》写得不错，我们发了，就在这一期。"朱水涌当时激动得有些不知所措，接过刊物后尽是傻笑，毕恭毕敬地听着许宏业和蒋夷牧对自己作品的品评。朱水涌记得很清楚，他们说细节是小说的生命，《红缨歌》缺少了生活的细节，写小说要特别注意观察生活。他们的谈话有着更多的鼓励与对作者的期待，希望他多写自己熟悉的东西，两位老师指着屋外的学生说："你就写那些学生，写儿童文学，

▲ 20世纪80年代与《厦门文学》的朋友们

我们刊物最需要的是儿童文学。"这次见面让朱水涌倍感振奋，于是朱水涌又写出了他的第二篇短篇小说《成绩单》。蒋夷牧接到《成绩单》后以编辑部的名义给朱水涌来了一封信，说："这一篇好，有细节，有生活的真实，儿童形态与心理刻画生动。"《成绩单》发表在《厦门文艺》第9期。那天中午的时间过得特别快，快到下午1点钟时，三位文学前辈谢绝朱水涌的午餐挽留，起身走出宿舍，照旧在烈日下走过那些翻卷过来的泛白的土堆。临走时，朱水涌有些词不达意地表达自己内心的感激，只听到他们中不知谁说了一句："不用谢，你们作者是我们刊物的上帝。"在《厦门文学》纪念创刊60周年的专刊上，朱水涌发表了《与〈厦门文学〉结缘》一文，详细描述了这个午间故事，他说这是他文学生命中一个不可忘却的回忆。

　　朱水涌能从溪西大队到果园中学任民办教师，也是因为文学文艺。1973年，刚刚迁到新校址的果园中学来了一位从海军舰艇上转业的干部叶文川，这位党支部书记兼校长的干部爱写诗写散文、爱买书、爱阅读文学作品，他到果园中学之后即刻要建立一支文艺宣传队，要建设一个图书馆。正是他的这个兴趣，才从乡下的知青队伍中发现了朱水涌，把他聘到学校当教员。那年朱水涌24岁，从繁重的田间体力劳动转向学校课堂讲授知识，这个当年知青可望而不可求的人生转变，让他对文学文艺更热衷更自信了。他的教学任务是教初中物理，但更重要的工作是负责学校的毛泽东思想文艺宣传队，也承担学校小型图书馆的建设。这个因文学与文艺而被聘的物理教师，遇上语文课没人上的时候，学校便叫他去代课。语文课本有的只是《毛泽东选集》中的文章与鲁迅的文章，古文也只选法家诗文。但朱水涌年轻气盛，又与爱读书的叶文川书记"臭气相投"，所以遇

▲ 20世纪70年代中期与果园中学文艺宣传队

到代语文课，也就不顾及什么后果，抛开当时规定的教材，讲起《红与黑》《基督山伯爵》《悲惨世界》等西方文学经典，大谈于连·索菲尔在"红与黑"搏斗中的命运沉浮，谈基督山伯爵的复仇意志。不料这些文学经典中的故事却因新鲜让学生个个张大了嘴巴，给了那个贫困年代里的青年一些生命的振奋。当年那些听过朱水涌讲课的学生，无论后来从政还是经商，或者依然在果园那片土地上劳作，至今还会时常提起当年听基督山伯爵复仇、于连个人奋斗时的激动。后来担任《厦门日报》总编的李泉佃曾在一篇文章中回忆起他中学时听这些课的情景，写了自己因基督山伯爵和于连而感受到的不同世界。

做中学物理老师，当业余作家，带好一支农村中学的文艺队伍，朱水涌的人生变得很具体。然而，他与他的同龄人一样，万万没有想到一声春雷在1977年炸响了，恢复高考制度让全国570多万青年走进了整整关闭10年之久的高考大门，尽管这是1:200入学率的残酷竞争，只有极少数人能成为幸运儿，但这毕竟是历史还给一代青年的一次机遇，是百万知识青年命运改变的一次机会。春天的风是温暖而富有生机的，朱水涌成了恢复高考后的第一批幸运儿，这位接近"而立之年"的老三届知青走进了他从小梦寐以求的大学中文系，成为厦门大学7701学子中的一员。

大学时代：新的文学起跑线

▲ 大学时代的朱水涌

　　1978年4月18日，朱水涌进入厦门大学汉语言文学专业学习，那年厦门大学汉语言文学专业的代号为7701，这个年级名单上有95名同学。这是一个特殊时代的特殊大学生群体，最小的年龄16岁，是刚刚毕业的高中生，最大的年龄已30岁出头，已有了10年的社会经历，有的是做了父亲母亲之后才来上的大学。在这个群体中，同学们入学前的身份有工人、教师、退伍军人、基层文化人、应届高中生，80%以上是上山下乡或回乡的知识青年，但他们的高考平均分是全厦门大学最高的，福建省的文科高考状元黄鸣奋、福建省的作文卷状元张红都在这个班。朱水涌和10多位老三届学生的到来，让7701的额上增添了几道皱纹，多了那么一点岁月的沧桑和生存的分量。但不同的年龄不同的人生色彩，却都有一个共同的感受，那就是从孩提时萌发的美妙的作家梦、大学梦，在失望乃至绝望之际，却意外地闪烁起光亮，有了"柳暗花明又一村"的激动。朱水涌在《记忆7701》中写道："这就像鲁迅《药》的结尾中那几朵不甘让青年读者绝望的小白花，忽然间在这群特殊时代大学生的体内盛开起来。"于是，这群人便开始了不要命的读书，老的"聊发少年狂"，想用四年时间补偿和改变10年的学业荒废；少的"风华正茂""激扬文字"，一味地在书海上扑浪弄潮，宿舍—教室—图书馆三点一线，成了这群晚来的大学生大学生活的主要轨迹。朱水涌1978年7月4日的日记里有这样一段文字："凌晨1点多

▲ 1979年厦门大学学代会上的中文代表团（二排左一：朱水涌）

钟起来小便，发现走廊灯下，有个人站着，捧着一本书，看着。若不是神志清醒，灯光挺亮，我会以为自己碰上了幽灵。然而，那却是一个熬夜读书的人，他是班上的朱建平。"

这群蹚过干枯的文化河床才走进知识海洋的迟到的大学生，有的是今天的大学生很难理解的求知欲望和一腔沉甸甸的读书情怀。

厦大7701的90多位学生，被一个伟大的民族魂灵吸引着。那时厦门大学尽管还没有今天那尊矗立广场凝视人世间的鲁迅石像，但中文系的办公室就设在集美楼鲁迅纪念馆楼下，他们上课下课，冥冥中似乎都有鲁迅的文学幽灵在缠绕着他们。他们入校第一学期的"现代文学作品"课，老师讲授的就是鲁迅的作品。在鲁迅的生命历程中，厦门大学是他"一面是埋葬，一面是留恋"重新寻路的地方，他教书研究，谈恋爱，回忆往事，创作小说、杂感，总共留下17万多的文字，写作情感与状态比在北京时温和温暖了许多，尤其是那部慰藉心灵的回忆散文集《朝花夕拾》，表现出他伟大人格的另一面。在厦大，他继续为青年学生"打杂"，支持和指导学生成立了"泱泱社"和"鼓浪"文学社，帮助出版《泱泱》杂志，借厦门的《民钟报》发表《鼓浪》作品。正是这样一些流动在身边的历史身影，让朱水涌和他的同学萌生对文坛、对这个正要变动的世界发言的欲望。

在一个南方温润的下午，在离学校不远的厦港街道空间逼仄的陈志铭同学家，21位7701同学聚集在一起，成立了"朝花文学社"，这21位同学都在入学前发表过文学作品，文学社的发起人是当年福建诗坛著名诗人陈志铭和对文学热情满腔的叶之桦，文学社社名源于鲁迅在厦大写的散文集《朝花夕拾》。那时并不存在自发组织的社团，更不会有什么人、什么机构来提供经费或活动地点，组织文学社是要冒风险的，但这群恢复高考制度后的第一批中文学子，却执意要学五四文化先驱那般，组织同人文学社团，将鲁迅留下来的文脉传接下去。文学社没有章程，也没有什么宣言，大家只是约定多碰头、多创作、多做一些文学的活动。文学社成立后，7701的文学创作便活跃起来，周末或假日，在五老峰上找块地方，在厦大海滨沙滩上铺块塑料布，大家聚在一起，朗诵自己的诗歌，交流自己的创作。有一天下午，文学社的社员爬上南普陀的后山，去寻找当年鲁迅、林语堂与学生一起合影的那块坟地，那帧鲁迅靠着坟头的经典照片诱惑着一群崇拜鲁迅的文学青年。朱水涌他们自以为找到那块让鲁迅"一面是埋葬，一面是留恋"的地方，便在那里铺开旧报纸，喝着茶水，啃着饼干和厦大馒头，想象议论着当年鲁迅与学生一起追溯历史、探索人生、创作文学的情景。这一天是中秋，当明月升起在生长着龙舌兰的坟地上空时，这群大学生便诗兴大发，即兴创作起诗歌来。朱水涌也朗诵了自己即兴创作的献给爱人的爱情诗，坟地清辉中响起一片浪漫喝彩声。可惜这首诗没有留下文字材料。39年后的2019年6月30日，中央电视台董卿的《朗读者》在厦大举行厦门专场，朱水涌教授应邀为朗诵嘉宾，主持人伟鸿谈起了这件"朝花文学社"的往事，他竭力鼓动朱水涌朗读当年这首爱情诗，遗憾的是70岁的朱水涌已经不记得那些即兴而来的诗句了。但我们却可以从陈志铭赠送给朱水涌的诗歌中看到这首爱情诗的影子，陈志铭的赠诗是这样写的：去年香飘中秋/我听你放开诗喉/怀念心爱的姑娘/深情似月色温柔/

▲ 朝花文学社成员合影

今春谷雨过后/喜鹊唧啾枝头/有情人终成眷属/春雨——夏日——金秋。
"春雨——夏日——金秋"，朝花文学社成员一面如饥似渴地学习古今中外的文学经典，一面迎纳着迎面而来的春天的故事。这个时期，中国当代文学开始充当思想解放的先锋，那些曾经被禁锢的思想情感开始张扬起来。朝花文学社跃跃欲试于那浪潮叠起的新时期文坛，无论伤痕文学的讨论，还是朦胧诗的争论，历史反思文学的思考，都成为文学社探讨的文学热点，这些讨论引起了《福建文学》编辑部的关注。这时，舒婷也随着《今天》诗歌从地下转向公开，成为新时期诗坛的代表人物，她与陈志铭是诗友，时常会到厦大芙蓉楼来，邀朝花文学社成员到虎溪岩或什么地方赏月作诗，朝花文学社成员有时也到鼓浪屿她家，举行自娱自乐的诗歌朗诵会。朱水涌就是在一次舒婷的生日宴上，在鼓浪屿舒婷家的家庭诗歌朗诵会上，第一次见到中国最浪漫、最有个性的当代诗人蔡其矫，听蔡其矫用满腔的激情和满腔的晋江普通话朗读着《大海》，听舒婷用平实的语调朗诵自己的新作，朝花文学社的伍人伟则以朗诵舒婷的《致橡树》来祝贺舒婷的生日。

　　恢复高考的第一届大学生毕业时，正是国家急需各领域人才的时候，厦大中文系7701的大多数人被分配到北京国家各部委和福建省、江西省的行政管理部门，少数被分配到文化宣传部门的同学恰恰是朝花文学社成员。黄启章被分配到福建省委宣传部，后来担任福建省文化厅厅长，领导八闽的文化艺术工作；张帆（笔名南帆）攻读完硕士研究生后被分配在福建省社科院，后来任福建省社科院院长、福建省文联主席、福建省政协副主席，占据全省的文化艺术高地；张红被分配到《福建日报》，后来成为福建日报报业集团的副总编，掌控着福建重要的舆论宣传阵地；施群被分配到海峡文艺出版社，后来又分别担任过海峡文艺出版社社长、福建美术出版社社长和福建人民出版社社长，是福建出版界的翘楚；伍林伟被分配到云南大学中文系，成为知名小说家；诗人陈志铭被分配到厦门文化局，后来任文化局文物处处长；叶之桦攻读完古典文学研究生后到厦门文化局，担任厦门文化局副局长；朱水涌与王玫、徐学留校任教，成为厦门大学知名的文学教授。这样的毕业去向看似有点特别，倒是吻合朝花文学社成立时的初衷。

　　朝花文学社一群人的一项举动就是推动《鼓浪》杂志的复刊。《鼓浪》是1926年厦大学生在鲁迅指导下创办的文学刊物，1927年1月，《鼓浪》在《民钟报》上刊完第七期的"欢送鲁迅专号"后，便随着鲁迅的离

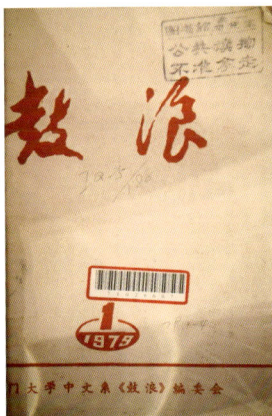

▲ 在7701手下复刊的《鼓浪》

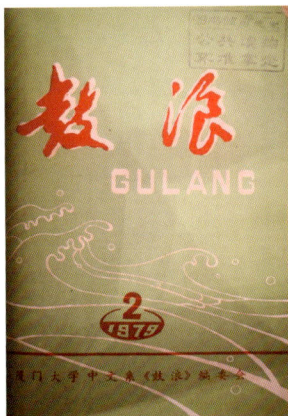

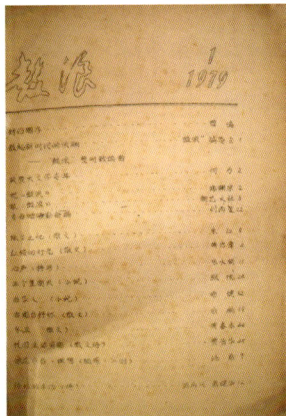

▲《鼓浪》复刊第一期目录

去而停刊了。20世纪60年代，在刘再复和其他厦大中文学子的努力下，《鼓浪》复刊，这时期《鼓浪》涌现出刘再复、林兴宅、黄琦石、陈慧瑛、张诗剑等著名文学学者与作家。之后，《鼓浪》开始沉默，"文革"10年，厦大校园内充斥着各色各样的"革命战报"，就是没有《鼓浪》的一席之地。7701入校后，开始鼓捣复刊《鼓浪》，这事很快得到中文系的支持。复刊后的《鼓浪》由朝花文学社的黄启章任主编。那时是文学的黄金岁月，作家犹如今天的歌星，到处有人簇拥、要签名，所以能在复刊后的《鼓浪》发表作品的人是很受同学老师关注的，《福建文艺》也经常从《鼓浪》中挑选小说、散文、诗歌和评论去发表，厦门大学一年一度的"《鼓浪》文学大奖赛"也从此开展起来。在复刊后的第一期上，朱水涌发表了特写《心声》，复刊后的第二期发表了小说《探索》。在复刊后的第一次《鼓浪》文学征文比赛中，他的小说《皎月》获二等奖，在庆祝厦门大学建校60周年的《鼓浪》第二次征文比赛中，他的散文《萤火虫》获得一等奖。在《鼓浪》纪念鲁迅百年诞辰专号上，他的《读鲁迅致萧红的信》赢得了鲁迅研究专家的赞赏。复刊后的《鼓浪》秉承"鼓时代之浪"的文学宗旨，薪火相传，一代一代地传承下来，成了不少著名的作家、文艺理论家、评论家的摇篮，成为优秀的全国大学生刊物，"鼓浪"文学社也被评为全国的优秀大学生社团。朱水涌毕业留校任教，由《鼓浪》的中坚作者转换为《鼓浪》与鼓浪文学社的指导老师，参与、策划、指导《鼓浪》开展文学创作、创作比赛与其他文学活动。1986年12月中旬，他借助参加在厦门举行的中国作协长篇小说研讨会的机会，将当年最受欢迎的张贤亮、王安忆、苏童、高洪波等与会著名作家邀请到厦大，与《鼓浪》文学社大学生作者举行文学联欢，为《鼓浪》留下了珍贵的墨宝。直到今天，已是古稀之年的朱水涌还是没有离开过《鼓浪》这块诗意的园地，还经常为《鼓浪》写卷首语和其他文章。

　　为了更自在地创作文学发表作品，除了《鼓浪》外，朱水涌与他的同学还尝试编发《鹭岛》杂志。《鼓浪》是中文系的刊物，出版费用有校方的保证，《鹭岛》则由同学自己垫钱印刷，然后抱到厦门中山路的鹭岛饭店前出售，一本收工本费一元钱，想用以刊补刊的方式来维持刊物的运转。虽然是大学生的刊物，《鹭岛》倒很热销。然而，《鹭岛》创刊号的封面是断臂的维纳斯美女，刊发的文章有温再兴同学的议论文《论接吻》和伍林伟同学创作的性爱小说，在当时更大逆不道了，朱水涌还来不及在上面发表作品，《鹭岛》便被"勒令"停刊了，创刊号也便是终刊号。但在朱水涌他们手里恢复的《鼓浪》却坚定地走了下来，从此不再停止她那喷涌青春浪花的生命。

到厦门大学学习，对朱水涌而言是一个全新的文学天地，他在这里遇上了一群拥有渊博才学、各具特色、诲人不倦的老师，在老师的导引下，他徜徉于人类精神的文化园地，流连忘返于古今中外的文学殿堂，展现在他面前的文学世界变得开阔深广又丰富多彩。这时，他遇上了他终身最亲密的导师应锦襄先生。

▲ 在导师应锦襄家中

▲ 朱水涌夫妇与应锦襄夫妇

应先生出身于上海书香门第，父亲曾是复旦大学社会学系的主任，应先生复旦大学毕业后先任复旦大学文学院助教，后考入清华大学研究院，师从著名学者吕叔湘、吴组缃和王瑶先生，学识渊博，高雅脱俗，且留有清华园人文学者"述而不作"的学术风气，具有典型的经受中西文化熏陶的人文气质，厦大学生称她是"一位知识的范儿，一位慈祥的老师，一位充满爱的情怀，有着极其健全和强大内心的幽雅女性"。朱水涌与应老师的近距离交往是从"现代文学作品"的课堂上开始的。当年7701的"现代文学作品"课由几位老师共同上。大学一年级上学期，应先生讲朱自清的

《背影》，先生特别动情地讲解文中父亲抱着橘子给儿子的情景，那灰蒙蒙的背景下青色棉袍前的一簇橘红便嵌入了学生朱水涌的内心，老师说："一个在事业上遭受到挫折、在人生中历经沧桑的老人却反过来如此细微地关心着年轻的儿子，那是最为感人的。"7701的同学从老师的动情中感受到人间的永恒情怀，朱水涌就此深深地爱上了这位风度优雅的老师。下学期，应先生讲茅盾的《春蚕》与柔石的《为奴隶的母亲》，她让学生讨论《为奴隶的母亲》，朱水涌走上讲台，谈起为奴隶的母亲在夜深人静时坐在别人家的孩子身边为自己的孩子缝补衣服的细节，那时朱水涌应该是讲得很动感情的。中午吃完饭后，同班同学应先生的儿子芮菁拍拍朱水涌的肩膀，说："老太太看上你了，让你晚上到我家去。"吃过晚饭，朱水涌便怯生生地走到老白城老师的家里，那时的老白城是一些很旧很老的平房，但住的都是厦大德高望重的教授。朱水涌进去时，应先生正与讲授写作课的朱虹老师谈《红楼梦》，她微笑地站起来："水涌，你来了，你今天的发言很有感受，我就让小弟叫你来家坐坐。"她端了一杯加蜜的冰水给朱水涌，让他坐在两位老师的身旁，毫无陌生感地说，"我们在谈《红

▲ 应锦襄退休后依然在家里为学生讲授文本分析，学生称其为应先生的"私塾"，这是朱水涌带他的研究生上应先生"私塾"的留影

楼梦》，你先听听，这是一座探索不完的王国。""红楼"是一座王国，也是朱水涌这个从小镇上来的大学生从未领悟到的话语。那天，应先生要求朱水涌在大学期间读300部作品，大部头小说或小部头的诗集都可以。朱水涌后来在纪念应锦襄先生的文章中写道："那一天晚上，我这个从未和一个大学老师如此亲近过的小镇青年激动得一夜难眠。从此，我的一生开始有了一位知识生命的慈母。"他还说："应先生是我学识、精神与生活的全方位导师。"

大学二年级时，朱水涌与乡村医生叶最花结婚，7701几十位同学赶到马巷田边村祝贺他的新婚之喜，那两本笔记本、一条飞马牌香烟、两瓶味美思酒的大学生新婚贺礼，那贫困年代大学生喝喜酒、吃同安封肉的情景，以及惊艳了乡村农民的大学生交谊舞，后来都成为厦大师生、厦大校友的美谈，留下了《结婚那一天》《老朱的婚礼》等几篇表现特殊时代大学生婚礼的散文，许多读者读完后都为那个时代的大学生的友爱与真诚感慨不已。

经历了汉语言文学的专业学习，得益于厦大中文系教师的教授指导，置身于一浪高过一浪的文学复兴潮流，来自文化古镇的朱水涌走上了新的文学起跑线，承担起了生命中的文学之重。

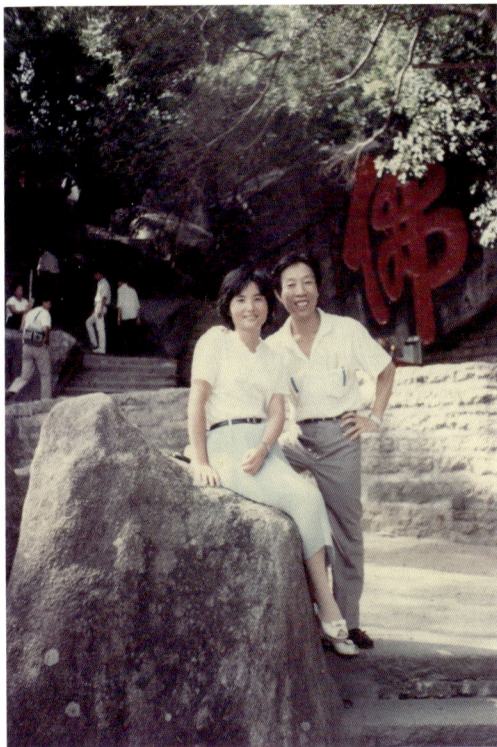

▲ 朱水涌与妻子叶最花

黄金岁月：在新时期文学批评中崭露头角

　　1982年1月，朱水涌毕业后留在厦门大学中文系任教，与应锦襄先生同一个教研室，共同的现当代文学担当把师生俩拉得更近、更亲密了。文学成为朱水涌生命的重要形式，他从此走上了专业的文学道路。这一年，应先生开始招收研究生，开门弟子是李以建、盛子潮，他们是厦门大学招收的第一批现当代文学专业的研究生。

　　那是中国文学的黄金岁月，伤痕文学出现，朦胧诗崛起，历史反思文学潮涌，乡土小说复兴，城市新潮小说兴起，寻根文学掘进，文学创作的浪潮一浪高过一浪，不时引起所谓的"社会轰动效应"。朦胧诗引发争论，现实主义再次澄明，意识流、生命哲学、新批评、结构主义，形形色色的文艺理论与批评方法纷至沓来，文坛成为时代文化最活跃的舞台，文学充当了中国历史新时期思想解放的先驱。朱水涌和李以建、盛子潮一周至少要在老师家相聚一次，他们一起走进老师家，与应先生一起讨论风起云涌的新时期文坛，听老师像唠家常般地谈论中外名篇名著，然后又一起从老师家走到校园里，一路喋喋不休地继续着文学的话题，于是有人称他们是校园"文学三剑客"。那阵子，应老师家常有一些文坛知名的学者、作家上门拜访，一旦有这样的朋友来访，应先生也就将他们三人叫上，用牙缸装上白酒，以花生招待客人，让大家就着酒嚼着花生，谈论着迎面而来的中国文艺"复兴"情景，联系着古今中外文坛的变动，畅叙着文人

▲ 大学时代的朱水涌

▲ 厦大校园文学"三剑客"，右起：朱水涌、李以建、盛子潮

们的旧闻趣事，快乐地探寻着精神世界里的文学奥秘。也就是在应先生的家里，朱水涌认识了丁景唐、耿鏞、何满子、朱正、王瑶、吴组缃、贾植芳等著名的现代文学前辈。1985年，李以建和盛子潮研究生毕业，他们怀着各自的心愿离开了厦大，李以建到中国社科院文学所的《文学评论》编辑部发展，后来当了香港作家金庸的秘书；盛子潮回到美丽的西子湖畔，后来任浙江文学院院长；朱水涌则一直留在厦门大学，继续在导师身旁，跟着老师研究中国现当代文学的发展嬗变，进行中西小说比较研究，讲授中国现当代文学。

在大学生阶段，朱水涌的学术论文《题材、人物和结构》就入选了厦门大学中文系纪念厦门大学建校六十周年的《学生论文选》；毕业时，他的毕业论文《茅盾论社会主义文学风格》又被《厦门大学学报》看中发表；当他开始文学教师生涯的时候，正好遇上文学挣脱禁锢、思想开始解放的时代，他研究与探寻文学的热情与情志就更加浓厚与饱满了。1984年

▲一左：朱水涌与著名学者贾植芳（右三）、李达三（右五）、牛波（右七）等先生
一右：朱水涌与著名学者、时任山东大学校长曾繁仁（右一）、厦大校长朱崇实（右二）
二左：朱水涌与著名学者、诗人谢冕夫妇等一起
二右：朱水涌与著名当代文学史家洪子诚先生
三左：朱水涌与著名学者、诗人余光中先生
三右：朱水涌与著名语言学家郑子瑜先生
四左：朱水涌与著名古典文学学者、老师蔡厚示先生
四右：朱水涌与著名文学评论家何镇邦先生

中秋，"文学三剑客"照旧在应先生家里过节，在屋外的葡萄架下赏完月，已是中秋节第二天的零点。天穹一轮满月，银辉温柔地拥抱着大地，李以建先回宿舍休息，朱水涌与盛子潮依恋于大自然的这般恩赐，又来到了厦大白城的海滨浴场。朱水涌在《诗歌形态美学·后记》中描述了这一晚上的情景："一阵清凉，一片宁静，一种笼着轻纱的梦境，大海在静谧中颤动，月光在悄悄地描下人间的倩影。流着月光的沙滩上，是一个个不肯消失的足迹，几对不愿离去的情侣。我们躺倒于这白色的世界里，默默中生长出漫游的翅膀。几乎是在同一刻间，我俩都叫起来，'这就是散文诗！'"喊出这句话后，他俩立刻从沙滩上翻坐起来，他们发现了彼此的默契，开始将四散飞落的思绪集拢起来，由此便产生了两人的第一次合作，这就是他们合作撰写的第一篇论文《散文诗的主导美学性格及其新变》，文章很快就被《当代文艺探索》采用了，这是当年伴随着文学理论与批评探索热潮而创刊的理论杂志，一创刊就引发文坛的热切关注。第一次合作就取得了良好的效果，两人合作撰写评论便一发而不可收了。

▲ 在家中书房阅读

　　或许是因为福建是当年诗歌新的美学最先崛起的地方，置身于厦门大学的朱水涌与盛子潮的文学批评是从诗论建构开始的，他俩先后在《文艺研究》《当代文艺探索》《文艺评论》《当代创作艺术》《学习月刊》等刊物上发表了《抒情诗的情感结构和几种物化形态》《论诗的意象结构和几种组合方式》《抒情诗视觉美的层次构造》《中西咏物诗的主导美学》《诗歌音乐美的语言分析》《诗与小说的微观论析》等论文。之后，他们以这些发表的论文为主干，完成了他俩的第一部学术著作《诗歌形态美学》，交由厦门大学出版社于1987年出版。出版后，《福建论坛》《华东比较文学》《飞天》等刊物发表书评，王刚在《福建论坛》1988年第4期上发表《〈诗歌形态美学〉略评》，认为"这本书所体现的艺术精神和艺术观照已不再局限于中国传统的诗歌把握，而是借助人类文化整一性的观点，以诗作为具体文化结晶，运用现代文艺学的批评方法，从各个层面较为深入地论述了诗歌形态美学的层次性"。《华东比较文学通讯》1988年第2期发表《从艺术比较走向比较艺术——读〈诗歌形态美学〉》，文章认为该研究"从一个方面呈示了当代中国文艺理论建构的趋向"。刘君杰的《〈诗歌形态美学〉的理论价值综合述评》联系20世纪80年代"人们对理论的执着精进与深刻揭秘"，称道《诗歌形态美学》的出版"带给人们的喜悦是内在而充实的"，认为该著作"横跨了中西诗论与创作"，"是种崭新的诗歌美学"。《飞天》1988年第6期上则在《关于近年来诗歌语言问题的讨论》的梳理中，将《诗歌形态美学》关于诗歌语言的论述作为一种代表性观点，提醒人们注意"盛子潮、朱水涌对诗歌语言音乐美的主要构成"的分析，完整地摘录了书中"诗歌音乐美的语言分析"文字，将"诗的音乐美从节奏深层上看，应该是与语义节奏紧密相联的情感情绪节奏"的观点摆出来供人们讨论。《诗歌形态美学》后来由盛子潮送到故乡浙江参加评选，获1987年至1988年度浙江省文学学会优秀科研成果一等奖。

　　如果说诗歌美学系列文章表现出朱水涌与盛子潮理论建构的灵动与理性，那么他们的小说评论则更多地体现出捕捉时代文学嬗变的敏锐与睿

▲ 朱水涌（左一）与徐敬亚（左三）、王小妮（左五）等当代诗人

智。针对20世纪80年代日新月异的中国小说创作，他俩从追索最新发展和研究创作规律两个维度出发，将文学审视的目光投向新时期小说的创新演变。当汪曾祺的《受戒》《大淖记事》发表时，他们联系五四时期冯文炳与20世纪30年代沈从文等作家的创作，在《当代文艺探索》上发表《走向诗的小说》，对中国现代小说诗化特征与发展演变做出理论梳理；当王蒙等作家热衷于学习意识流小说的表达方式时，他们在《文艺研究》上发表《小说的时空交错和结构的内在张力》，从世界文学的经验阐发现代小说空间结构的变动；当莫言的《透明的红萝卜》和《红高粱》引起文坛惊讶时，他们在《文学评论》上发表《感觉世界：新时期小说的一种形态》，指出莫言小说体验感知世界的独特之处，是全国最早关注莫言创作的评论之一；当"寻根文学"作家受马尔克斯《百年孤独》影响，刚刚流露出魔幻现实主义叙事影子时，他们就在《当代文艺思潮》上发表《新时期小说中象征的破译和审美意义》，探讨象征主义的叙事方式与审美特点。这时期，他们在《文学评论》《文艺研究》《小说评论》《文艺理论研究》

《当代文艺探索》《当代文学思潮》等刊物上发表的小说评论，还有《论新时期小说叙事观点的演化》《新时期现实小说叙事观》《情节淡化的两种走向及其艺术秩序》《小说空间与空间小说》《新时期小说形式创新的奥秘和意义——对一个并非仅仅属于小说形式的理论探讨》《新时期小说的多重世界和艺术秩序》《新时期小说形态的演化及其走向》等系列文章，仅从题目上看，就清楚朱水涌与盛子潮的批评用心，一面是在直面新时期小说的创新嬗变，一面则是在新的创作现象中提炼研究出中国当代小说的新秩序与新形态。这种批评的敏锐针对性和理论的探索创新性立即引发新时期文坛关注。1987年6月6日和6月13日，中国社科院当代文学研究专家白烨在《文艺报》连载长文《小说文体研究概述》（一、二），文章第一次对1976年到1986年的10年小说研究做了整体评述，文章列出20世纪80年代初10年来10位小说文体研究的代表人物，在"文体问题的宏观考察"部分提出朱水涌与盛子潮等人的研究成果"以对文体问题的整体观照和宏观研究引人瞩目"，认为"朱水涌、盛子潮等人的文章，从小说观念在审美意义上的嬗变来看待近年小说时空关系、形式结构和小说的诗化、散文化等方面的变异"，他引用朱水涌、盛子潮小说评论中的话，指出这

▲ 朱水涌（右一）陪同著名作家王安忆（左二）回故乡同安
▲ 1991年与著名作家韩少功在香港中文大学

些现象表现了文学创作在"求取对象与主体、内容和形式的新平衡"。

也就是在这个时候，在当代文学评论界，出现了"北有张陵、李洁非，南有盛子潮、朱水涌"的说法，这指的是当年文学批评的一个奇观——当代文学评论的"学术双打"现象。那个时候，除了他们两对"双

打选手"外，活跃在当代文学批评论坛上的还有北京的贺绍俊、潘凯雄，江苏的王干、费振钟等人。实际上，张陵与李洁非也都是南方人，张陵是厦门人，厦门大学毕业后被分配到中国作家协会从事文学评论，是朱水涌的师弟。李洁非是安徽人，安徽大学毕业后被分配到中国社科院从事文学研究。他们从北京发出的批评声音，响亮而有特色，被当成北方"学术双打"的代表。朱水涌与盛子潮是从厦门大学发出声音的，当年厦门大学的老师与校友的著作《阿Q的系统论分析》和《人物性格组合论》，在全国最早发出了文学理论与批评的思想解放先声，所以全国文学理论界对这个素有"南方之强"美誉的高校的文学批评与文学理论尤为关注。盛子潮原是诗人，他有更多的激情与灵感，阅读完一部作品，遇上一个文学问题，他便会有诸多的敏锐思想与诸多的新鲜触点。朱水涌则原本是写小说的，他的文学史积淀扎实，他会有更多的文学史思考与更多的理性提炼，两人的互补性很强，发表批评文章独具针对性与思考性，具有敏锐的触角与厚实史论的积淀。

▲ 厦大中文系欢迎香港作家梁凤仪（中间红衣者）　　▲ 朱水涌与自己的学生、著名作家北村

　　这个时期，朱水涌多次被邀参加全国性的当代文学研讨会，其中有三个研讨会在他的学术成长历程中留有深刻印象。其一是1985年在厦门大学召开的"全国文学批评方法论讨论会"，这个中国当代文学批评方法改革创新的重要会议，来的代表都是当年全国最为活跃的文学批评与理论创新的专家学者，会议汇集当年各种批评方法，开展学术争鸣，其成果对中国当代文学批评的改革开放具有历史性的开创意义。朱水涌在这次会议上主要承担会务工作，但他却在这个会议上汲取了批评创新的灵感，结识了那

些后来成为当代文学研究翘楚的学者，由此介入全国的理论批评界。其二是1986年在北京召开的"新时期文学十年学术研讨会"，这个会议是对新时期文学10年的一次重要总结与对文学发展的一次新聚集，朱水涌作为福建代表之一参加了这次会议。就在这次会议上，有人提出了当代文学批评的三大流派的观点，即闽派、京派与海派，并成为人们的共识，闽派评论家与理论家群体由此确立。其三，1988年，"全国文艺理论建设与中外文化交流学术研讨会"在当年文学研究极为活跃的福建省省会福州召开，这个研讨会是结合"文学观念变革"的提出而举行的一次理论建构会议，朱水涌作了《对峙的运动和周期性的震荡——中西文论发展的一个比较》的发言，用比较文学的方法阐发中西文论的发展差异，提出中国文学理论建设的点滴思考。这三个会议的交流，会同在这个阶段他与盛子潮连续在全国最有影响力的当代文学理论刊物上的发言，意味着朱水涌在中国当代文坛上崭露头角。

　　朱水涌在当代文坛崭露头角后，他作为闽派批评家的青年学者代表，先后被选为全国新文学学会理事、中国当代文学研究会理事、全国比较文学学会理事、中国小说学会理事，有了更多参加全国现当代文学学术活动的机会，他的学术成长道路更加宽阔与厚实了。

▲ 左：20世纪80年代，三位闽派青年评论家（右起：南帆、王光明、朱水涌）
中：2004年，朱水涌做《文学经典与人类文明》讲座
右：2004年，"21世纪·理论建设与批评实践国际学术研讨会"的代表（右一朱水涌）

不惑之年后：
融合文学、文化、文学史的学术耕耘

    三十而立，如果说朱水涌30岁后开始在中国当代文学的论坛上崭露头角，那么过了不惑之年后，他在现当代文学评论与学术研究上的成长与成熟则是引人瞩目的——拓展学术视野，求索理论创新，探寻研究途径，他从中西小说比较研究与文学史的教学科研中获得更加充足、更加实在的学术资源，有了更多的思考与灵感，他在努力建构着一种具有时代特征的，融文学评论、文化阐发与文学史研究为一体的文学研究格局。

▲ 在比较文学学会第六届年会暨国际学术研讨会上（右起：应锦襄、朱水涌、张文定）

    1985年，盛子潮毕业后回到西子湖畔，由于空间上的距离，朱水涌、盛子潮不再可能像在厦大时那般不分昼夜地讨论问题、撰写评论，慢慢地，这对学术双打选手就各自单干起来。这时，朱水涌除了继续关注当代文坛外，开始跟随导师应锦襄先生研究比较文学，他与应锦襄先生、林铁民副教授完成国家博士点科研项目《中西小说技法比较》后，三人又一起完成了国家社科基金研究项目《世界文学格局中的中国小说研究》，后一个研究项目是前一个项目的丰富与发展，两者是一体的。这两个项目成果最终以专著形式《世界文学格局中的中国小说》结项，成果列入北京大学出版社出版的比较文学丛书之一出版，成为北京大学出版社为北大百年校庆献礼的学术丛书之一。著名学者、复旦大学贾植芳教授在对这个项目的成果鉴定中写道："书稿突破了以往文学理论著作中那种僵化的体例与结构模式，从小说技法的角度，对中西古典小说乃至现当代小说进行系统的问题比较研究，堪称我国比较文学研究上的一项重要学术成果。"国际比较文学学会副会长、中国比较文学学会会长、北京大学教授乐黛云在该书的出版与参加福建省社科优秀成果的推荐表格中写道："这是一部比较文学研究的力作，对小说做了贯通古今中外的全方位研究，从哲学思想、社会思想史、文化传统对中国小说做了反思，指出它在中西文化碰撞中的自身发展，分析它种种技法的形成和特点，体现了中国小说在世界文学格局中的个性与地位，其论点、论述及方法都有创新，这样研究中国小说（的著作），可以说是第一部，有重要学术价值。"《世界文学格局中的中国小说》曾获福建省第四届社会科学优秀成果三等奖，至今在比较文学界依然是中西小说比较的典范之作，是比较文学研究的学者与学生必读书目。经历过与应锦襄先生研究两个国家级科研项目的磨砺，朱水涌的学术视野

豁然开阔起来，他把握到了比较文学的方法，打开了从世界文学格局考察中国文学的思路。

　　1991年2月至6月，因他在中西小说研究上的影响，他受邀前往香港中文大学与英文系主任周英雄教授合作研究"中西小说比较"，同期受邀的有北京大学的陈平原与华东师范大学的王晓明，他们都是当年文坛上影响深广的现当代文学青年学者。这次合作研究的际会，再一次开阔了朱水涌的学术眼界，乃至改变了他原本注重文体文本的

▲ 朱水涌在香港大学

研究思路，而开始注重以文化整体
把握的方式来考察和审视文学的创
作、思潮与发展。彼时，香港尚未
回归祖国，香港中文大学还是英制
学校，国际化程度很高。在香港中
文大学的一个学期，他结识了许多
国内外知名学者，其中包括诺贝尔
文学奖的执票评委、瑞典皇家学院

▲ 1991年，朱水涌在香港中文大学做访问学者，在中文大学研究院宿舍

院士马悦然教授。中文大学时不时就有知名学者的报告，时不时就有小型
学术研讨会举行，合作研究期间一个重要的收获便是能吸收来自全球的最
新的文学研究信息，了解文学研究的发展与动态。在来香港中文大学之
前，朱水涌主要精力在诗歌与小说的文体研究上，他与盛子潮发表的系列
论文被当成新时期文体研究的代表性评论，这种受到新批评、结构主义叙
事学和形态学影响的文学批评，在国内被认为是思想解放与学术前沿的表

▲ 与诺贝尔文学奖执票评委、瑞典皇家学院院士马悦然（左二）在香港中文大学（右一：朱水涌）

现，因为在新时期思想解放之前，人们更多地从社会与历史的角度来考察文学，极少在文体与叙事上做出认真细致的研究。但来到香港中文大学之后，他参加了许多学术报告与小型研讨会，与不少学者进行交流，却发现学者们谈论更多的是马克思和西方当代马克思主义者，马尔库塞等法兰克福学派的理论在香港的学术界颇为盛行。这引起来到香港中文大学的朱水涌、陈平原、王晓明的反思，他们得出的结论是：用马克思的基本立场、方法研究文学，则国内的学者要比香港等地区与其他国家的学者更加驾轻就熟。一段时间后，朱水涌开始意识到新批评、结构主义叙事学的狭隘，认同香港学者"新批评会将文学研究引向死胡同"的观点，螺旋式地返回到从社会与历史中来考察文学及其发展，以文化把握世界的文学整体批评方式，重新审视新时期文学10年，这直接的成果便是他的专著《文化冲突与文学嬗变》的出版。

▲ 在香港中文大学（右起：朱水涌、陈清侨、陈平原、周英雄）　▲ 朱水涌与王晓明在香港中文大学

　　当年出版行业的改革尚未大动干戈，一部著作的出版要经过层层讨论与审批，没有一定代表性和水平是难以通过出版审批的。《文化冲突与文学嬗变》被海峡文艺出版社看中，一是它研究的对象是正在轰轰烈烈发展着的新时期文学，且研究的视角特别新颖，视野尤为开阔，呈现出以文化的排演显示文学的演变、以文学的演变观照时代文化进展的独特性；二是这部学术专著正好吻合了出版社在精心策划组织的"海峡文论丛书"的编选方案。《文化冲突与文学嬗变》于1994年作为"海峡文论丛书"之一出版，出版后，《文艺报》《文学报》《当代作家评论》《出版广场》《福

建日报》《厦门文学》等报纸杂志发表书评与书讯。1994年8月20日《文艺报》报道《文化冲突与文学嬗变》的出版，称全书以"文学是文化冲突的活跃角色为理论架构的基点，从20世纪世界文化冲突的论述开始，联系中西方文化碰撞交汇的历史和现实，对中国1976年以来的新时期文学思潮、文学现象和具体创作做了系统的理论阐释和艺术分析"，"无论是在文学史研究，或是对文化排演的考察，都是极有价值的"。著名评论家南帆在《当代作家评论》发表书评《文化·文学·文学史》，认为《文化冲突与文学嬗变》的"眼光与气魄令人称道"，其概括的当今世界文化的三大冲突"是高屋建瓴之论，全球景象尽收眼底"；他特别指出书中的"历史悲剧中的英雄与英雄的悲剧历史""伦理道德的变更与文学的忧思""重义轻利的困境""第一次的人格显示与最后一个的心理防御""探讨国民性主题的延续""知青丰碑中的文化结构"等六个章节，称这些章节的论述"隐含某种特殊的文学情怀"，"无不显示

▲ 一：2006年，朱水涌在香港中央图书馆做《鲁迅与中国现代文学》学术演讲，接受邀请方赠送的学术演讲纪念牌
二：2006年9月，朱水涌与鲁迅研究专家在香港中文大学的鲁迅论坛上
三：2008年，朱水涌在"民族认同·启蒙思潮与百年中国文学"国际学术研讨会上作大会发言
四：2009年，在厦门大学主持鲁迅孙子周令飞与藤野先生孙子藤野幸弥的第三代人的历史性会晤，进行百年来的首次对话
五：2012年，朱水涌在冰心国际学术会上作大会发言，会议主持为冰心女婿陈恕教授

出文学的特殊位置",表明了"艺术地把握世界""在朱水涌心目中的分量"。《文学报》发表的书评《文学与文化的焦点聚合》和《厦门文学》发表的书评《走入状态——读朱水涌〈文化冲突与文学嬗变〉》都认为该专著体现出"现代意识与传统意识的有机吻合",表现出"知识分子的特殊心态"与"道德与价值的评判"。专著出版后获福建省第三届社会科学优秀成果三等奖。

《文学·文化·文学史》,南帆先生的书评准确地揭示出朱水涌文学研究的追求。从世界文化的排演考察一国文学的现象与创作,在文学的现象与创作中考察历史文化的特征,通过文学史的关系研究揭示时代文学在文化演进中的角色。这个学术意向与学术追求最早可以追溯到他刚留校任教的第五年,那年他在《厦门大学学报》发表《鲁迅与新时期文学——对新文学七十年发展的一个侧面思考》,这篇论文获得厦门大学1986年中青年优秀论文奖,这篇早期论文已呈现出作者整体把握20世纪文学的思路与能力,呼应了后来学术界提出的"20世纪文学"的构想。论文将鲁迅的创作与新时期初期的文学创作进行比较,提出鲁迅文学作为中国新文学的传统,鲁迅的挖掘、揭示和艺术思考,或隐或现地贯穿在整个新文学的创作发展中,其人的主题一直是中国良知作家在不断挖掘不断延续的文学主题。《文化冲突与文学嬗变》出版后,朱水涌先后主持了国家社科基金项目《九十年代文学思潮研究》与《20世纪中国小说关联研究》,他的研究特色越来越突出清晰:在文化进展的站位上、从世界文学格局的角度、以20世纪的中国现当代文学的关联为重点,着力于对文学思潮与文学创作的规律与特征的研究,文学的宏观研究与微观探析得到奇妙的结合。20世纪90年代后期与新世纪的第一个10年,朱水涌的代表性论文大都体现出这样的追求和特色,像《〈红旗谱〉与〈白鹿原〉:两个时代的两种历史叙事》《现代性与五四新文化运动》《五四与新时期:一个百年文学的不解纠葛》《全球化与中国当代文学的格局研究》《文学史研究:一个"学案"的分析》《从现实"症结"介入现实——以王安忆、毕飞宇、阎连科近年创作为例》《现代性的空间焦虑——中国当代文学六十年的一种精神状态》《文化转型初期的一种中国想象——论〈中国人自画像〉〈中国人的精神〉〈吾国吾民〉的中国形象塑造》《"冷战"中的英雄塑造与意识形态——谈谈十七年文学的英雄塑造问题》，这些论文仅从题目上看，也能体现出作者对文学与文化、中国文学与世界文学、文学与文学史的独特把握，它们大都是作者在中国现当代文学的全国或国际学术研讨会上的大会发言，后刊发在较重要的学术刊物上，论文发表后，又被选入当时出版的年度或专题性的文论选本。

▲ 在纪念厦门大学建校85周年之际，朱水涌主持厦门大学鲁迅纪念馆重新开馆暨鲁迅国际学术研讨会开幕式

2000年是跨越20世纪进入新世纪的千禧年，也是朱水涌学术研究丰收的一年。这一年，他破格晋升为教授，他的3部学术专著《世纪之交的中国文学》、《中国文学：世纪初与世纪末》和《中国现当代文学》（与李晓红合作）分别由厦门大学出版社、鹭江出版社和北京科学出版社出版，《世纪之交的中国文学》后来获福建省第五届社会科学优秀成果三等奖。2007年，专著《叙事与对话——比较视野下的中国现当代文学》由南京大

学出版社出版，这部著作同样体现出中国文学与世界文学、现代文学与当代文学的关联与赓续，专著获得福建省第八届社会科学研究优秀成果三等奖。过了天命之年与耳顺之年的朱水涌，学术功力日久弥新，凭借其对文学与文学史的独特考查，在全国发生较广泛的影响。

▲ 朱水涌向文化部前部长贺敬之介绍厦门大学鲁迅纪念馆

▲ 2016年10月16日，朱水涌向教育部原部长陈宝生介绍厦门大学历史文化

情系本土：创作、评论与人才培养

▲ 厦门大学与海峡两岸出版交流中心签订出版《民间遗存台湾文献选编》（右二：朱水涌）

　　对于厦门与厦门大学，朱水涌有一种从血脉中流淌出来的爱。一方水土养一方人，这位出生于厦门古镇，成长于厦门大学的文学教授，有着深沉厚重的"乡愁"，他的文学创作大都与厦门、厦大的历史文化和现实紧密关联。

　　1993年秋天，为了来年纪念改革开放总设计师邓小平视察厦门10周年，厦门决定拍摄一部政论性的文献纪录片，市委宣传部与电视台试着邀请朱水涌为纪录片撰稿，没想到这个纪录片文稿完成送审时，便赢得满堂喝彩，纪录片导演高振碧激动得连声赞叹："没想到厦门自己也有这样优秀的纪录片撰稿人才。"后来朱水涌将这部与市委宣传部沈艺奇合作撰写的纪录片取名为"世纪之春"。《世纪之春》在中央电视台、厦门电视台等频道播出后，先后获得中国电视奖1994年度二等奖和中共中央外宣办颁发的全国海外电视节目专题片二等奖。第一次出手的成功，立即引来了厦门电视界的高度关注，从此，朱水涌成了理想的厦门市重大题材的电视纪录片撰稿人。为纪念厦门经济特区创办15周年，他创作了电视政论片《世纪之路》（上、下）；为纪念厦门经济特区创办30周年，他撰写了电视纪录片《厦门30年》；厦门要申报国家环保模范城，他创作了《白鹭诗篇——厦门特区环保报告》；厦门要争取全国文明城市，他撰写了《厦门文明之路》；厦门举办"九·八"国际贸易洽谈会，他撰写了三集的献礼纪录片《建设现代化港口风景城市》；厦门举行庆祝中华人民共和国建国50周年万人大型广场文艺晚会，他主笔撰写了晚会脚本《时代礼赞》；鼓浪屿申请世界文化遗产，他主编出版了《鼓浪闻音——名家笔下的鼓浪屿》，撰写了六集纪录片《鼓浪屿往事》；庆祝陈嘉庚创办集美学校百年，他撰写长篇纪录片《百年学村中国梦》；厦门启动陈嘉庚宣传月，他创作了大型电视诗文朗诵文稿《嘉庚颂》。从20世纪90年代中期到21世纪初，厦门以电视语言塑造厦门形象、宣讲厦门故事的重大题材精品之作，几乎都出自朱水涌的手笔，其原因是他能站在历史时代的高度，以诗化的语言，写出了大气、厚重、富有理论思考的纪录片文稿，能更好地体现出厦门这座高颜值高素质城市的气质与底蕴。这样的创作特点自然与他对当代文化、文学研究与思考有密切关系，也得力于他作为厦门人对本土历史文化的深刻了解与把握。由他撰写的厦门首部历史文化纪录片《厦门谣》（四集）获中国电视奖三等奖，《世纪之路》（上、下集）获全省电视理论宣传片二等奖，《人民医生林巧稚》获中国广播新闻电视新闻奖长片三等奖，《嘉庚颂》获福建省广播电视艺术奖综艺一等奖，而大型纪录片《陈嘉庚》（六集，他写初稿）则是在全国产生重要影响的历史文献纪录片。

2001年，厦门大学庆祝建校80周年，朱水涌撰写的电视形象片《光荣与希望》引来海内外厦大校友的赞扬。从此，凡是到了厦门大学隆重举行校庆活动的时候，朱水涌便成了写作的大忙人，许多校庆对外公告的文字都要他来操刀，仅电视纪录片就撰写过庆祝建校85周年的《中国厦门大学》，庆祝建校90周年的《厦大蓝图》和《南强之旅》，庆祝建校95

▲ 上：朱水涌被邀为中央电视台《朗读者》嘉宾，朗读文学作品
　　中：朱水涌与中央电视台《朗读者》主持人董卿
　　下：朱水涌为厦大百年校庆大型融媒体直播嘉宾

周年的《厦门大学走向世界》和庆祝建校百年的《百年厦大》。他为纪念厦大建校90周年创作了《厦大往事》，这部"以学者的态度，用文学家的叙事，坦诚厦大人的情怀"的文学著作广受读者喜爱，10年内重新印刷9次，出版社几乎每年要重印一次才能满足读者的需要；为纪念厦大建校百年、缅怀校主陈嘉庚，他创作了38万字的《陈嘉庚传》，这部文学传记以生命的深沉追问、扎实攫微的史料和简约生动的文笔，全面展示了陈嘉庚的一生，出版的第二年就重印了两次。除此，他还创作了音乐舞蹈史诗《南强颂》和四幕情景剧《南强红笺》，为厦门大学留下了校园文艺的经典之作。在厦大校园，无论是陈嘉庚、陈敬贤、李光前的塑像，还是厦大翔安校区、思源谷、七星园、芙蓉湖畔、鸢园里立下的碑石，这里面的碑记铭文，也大都是朱水涌不署名的代学校创作的文字，厦大人称他为"厦大第一笔"。

作为一名文学教授，朱水涌常说："一位老师最伟大的作品是他的学生，而不是他的那些著作。"他是厦门市的优秀教师，厦门大学首届评选的10位教学名师之一，从1994年到2011年，一直在中文系、人文学院任分

▲ 朱水涌与音乐舞蹈史诗《南强颂》的两位主持人

▲ 上左：朱水涌与情景剧《南强红笺》的导演与主要演员
上右：朱水涌向陈嘉庚孙子陈立人赠送《陈嘉庚传》
　下：朱水涌为厦大交响乐团讲解《长征组歌》

管教学的副主任、副院长，对教育教学有着他的思考。2011年，他针对人文素养教育的薄弱乃至缺失，在3月14日的中国作协机关报《文艺报》上发表《我们需要文学教育》，重温蔡元培先生的倡导美育和唐文治的人才培养"先砥砺第一等品行"，提出以文学教育"达到让人们认知时代，澄明历史与现实生存""陶冶性情、提供灵魂栖息""引导人们抵达共同的内心和梦想的彼岸，展示一个全球时代的风云、激情、理想和信念"。这篇文章发表时被加了"编者按"，并引发了为期8个月的"人文素养与文学教育"的大讨论，从3月到11月，一周一报的《文艺报》共发表了31期讨论长文，对文学教育的必要性、怎样实现文学教育以及文学教育的误区与希望做了全面的讨论。今天看来，这场规模不小的"人文素养与文学教育"讨论，实际上便是21世纪较早被察觉到的"美育教育"问题。朱水涌在教育教学上曾获福建省优秀教学成果特等奖1次、一等奖1次、二等奖2次。在文学人才的培养上，他培养了12名当代文学思潮方向的博士生和41名现当代文学专业硕士，还有数百名的文学学士，他们中有全国著名的作家、评论家、文学教授，也有本省本市的文艺创作骨干，更多的是省市文化宣传领域的领导与骨干，他主持的"中国当代文学史"课程被评为福建省优秀课程。

▲ 上：朱水涌为学生王洪超（右四）创作的长篇小说召开作品研讨会
　 中：朱水涌夫妇与他在厦门工作的研究生
　 下：研究生们为导师朱水涌做七十寿辰

　　在担任厦门市作家协会副主席期间，他特别关注本土文学的创作与发展，热情地推动本土作家的成长。20 世纪 90 年代与 21 世纪初期，他是厦门文联与《厦门文学》编辑部的常客，曾经与时任主编的陈元麟和时任编辑部主任谢春池等作家一起，雄心勃勃地要将小小的《厦门文学》办成具有全国影响力的地方文学刊物样板。通过策划与研讨会，确立每一个阶段的创作评论重心，制定每一期的核心主题，这一年推出"闽南作家群"，另一年便呈现出"闽海评论界"，编完福建散文专号，便又向读者展示"20 世纪现代诗大展"，刊物面孔伴随着全国文学发展而变脸，内容依文学情势而创新，将一个城市的文学刊物玩转得有声有色，一度影响很大，在全国文学刊物海洋里泛起地方刊物的涟漪。那时，《厦门文学》办得很有生气，很有活力，目光也很开阔，它最早提出闽南文学与闽南作家群概念，它的作品发表、文学研讨与创作评论，远超过厦门而着力于整个闽南金三角的文学实践与发展，也常常引起文坛的关注。朱水涌在《与〈厦门文学〉结缘》中写道，"这段时期，我几乎成了编外的《厦门文学》人员"，"经常是一年下来，我就要写一篇《厦门文学》的小说年度评论，一个小说作者被推出后，我就得做一篇评述这位作者创作的文章，全国出现了什么样的文学新动态，我也得写一点向《厦门文学》读者介绍文学新思潮的文字，《厦门文学》出了什么、新召开了什么研讨会，我也总得说点什么写点什么。那段时期为《厦门文学》写作很紧张、很累，稿费也低，但很是惬意，作为一个厦门的文学圈中人，我还是很想与同人们一起，将《厦门文学》这块文学的园地耕耘得更美丽更富有一些"。在厦门市文联十年一届《厦门文学优秀作品选》的选编中，他一直是编委会主要成员，先后主持了《厦门文学优秀作品选（1980—1993）·小说卷》《厦门文学优秀作品选（1994—2003）·中篇小说卷》《厦门文学优秀作品选（2004—2014）·中短篇小说卷》编选，并为这些选本写了导言。他敏锐地捕捉到本土作家的成长，为厦门的阎新宁、赖妙宽、须一瓜和漳州的青禾、杨少衡写创作评论，凭借他在当代文学评论界的影响，让更多的读者了解本土的优秀作家，助推本土作家走向全国。

▲ 访问德国特里尔大学，与特里尔大学校长（右四）合影

2009年10月，朱水涌办了退休手续，但因工作的需要，他仍然担任厦门大学人文学院副院长，直到2011年他才真正从人文学院的岗位上卸任。然而，不到一年时间，厦门大学又任命他为新创办的厦门大学国家级教师教学发展示范中心常务副主任，从事高校的教师教学发展工作。

朱水涌曾在《共和国同龄人》这篇文章中写道："正因为有了与共和国的共同经历，我们才总是与自己的民族共患难共命运，一起肩负起幸和不幸。"如今，这位共和国的同龄人已经74岁了，但依然在高等教育的岗位上工作着，厦门的许多文化活动与场合，还时常会出现他那虽矮小却德高望重的身影。

▲ 朱水涌全家福

第二辑　代表作

代表性著作介绍

1.《诗歌形态美学》

第一部学术著作，与盛子潮合著，厦门大学出版社于1987年出版，全书164千字。出版后，评论界认为该著作"横跨了中西诗论与创作"，"从各个层面较为深入地论述了诗歌形态美学的层次性"，"从一个方面呈示了当代中国文艺理论建构的趋向"。著作获1987年至1988年度浙江省文学学会优秀科研成果一等奖。

2.《文化冲突与文学嬗变》

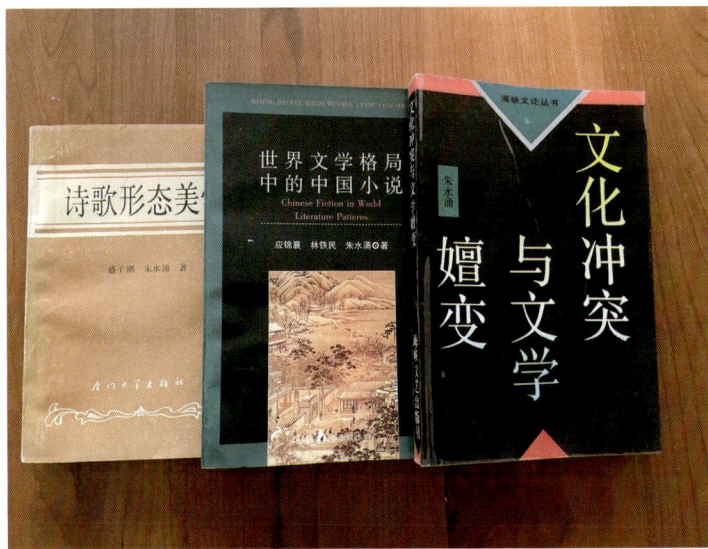

▲ 20世纪末出版的三部著作

独著，作为"海峡文论丛书"之一由海峡文艺出版社于1994年出版，全书215千字。出版后，《文艺报》《文学报》《当代作家评论》《出版广场》《福建日报》《厦门文学》等报纸杂志发表书评，认为该著作以"文学是文化冲突的活跃角色为理论架构的基点，从20世纪世界文化冲突的论述开始，联系中西方文化碰撞交汇的历史和现实，对中国1976年以来的新时期文学思潮、文学现象和具体创作做了系统的理论阐释和艺术分析"，"无论是在文学史研究，或是对文化排演的考察，都是极有价值的，它代表了历史特定时期一辈人的学术印迹"，"眼光与气魄令人称道"，其概括的当今世界文化的三大冲突"是高屋建瓴之论"。专著获福建省第三届社会科学优秀成果三等奖。

3.《世界文学格局中的中国小说》

与应锦襄、林铁民合著，是国家社科基金研究项目"世界文学格局中的中国小说研究"最终成果，北京大学出版社1997年出版，是为北京大学百年校庆献礼的学术丛书之一，全书265千字。著作对小说做了贯通古今中外的全方位研究，在哲学思想、社会思想史和文化传统的联系中对中国小说做了系统性的研究，指出中国小说在中西文化碰撞中的自身发展，分析它种种技法的形成和特点，阐发中国小说在世界文学格局中的个性与地位。著名学者、复旦大学贾植芳教授称其"堪称我国比较文学研究上的一项重要学术成果"。国际比较文学学会副会长、中国比较文学学会会长、北京大学教授乐黛云认为"这是一部比较文学研究的力作，其论点、论述及方法都有创新，这样研究中国小说，可以说是第一部，有重要学术价值"。本书获福建省第四届社会科学优秀成果三等奖。

4.《世纪之交的中国文学》

独著，国家社科基金项目"九十年代文学思潮研究"的最终成果，厦门大学出版社2000年1月出版，全书236千字。论著在20世纪末世界文化新格局和世纪之交中国政治、经济、社会文化语境中，以小说创作思潮为主线，结合理论态势，考察探讨了90年代中国文学的创作倾向、发展态势和思潮的精神特点及艺术特征，通过宏观把握和具体的个案分析，揭示世纪之交中国文学的发展变化、文学思潮与特定历史时期的文化联系，阐明世纪之交文学的现实选择和审美趋向。著名文学评论家、福建师大教授孙绍振评价该著作"全方位地展示一个历史阶段的小说，具有较高学术价

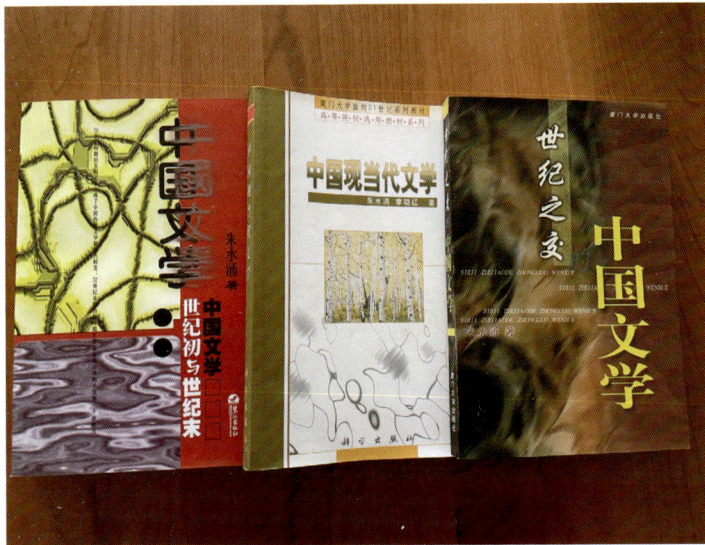

▲ 2000年出版的三部著作

值"，"最突出成就是以多重文化价值对于复杂当代小说现象建构了一个宏观体制"。专著2002年获中国当代文学研究会第八届中国当代文学研究成果奖，2003年获厦门市第四次社会科学优秀成果二等奖和福建省第五届社会科学优秀成果三等奖。

5.《叙事与对话——比较视野下的中国现当代文学》

独著，南京大学出版社策划的"文本与文化/跨语际研究"丛书之一，南京大学出版社2007年6月出版，全书223千字。论著以世界文化格局与中国现当代文学的关系、异域文学的影响与中国现当代文学的自我选择、艺术技法与风格的中西对话三个篇章，在比较文学跨语际的研究中，探讨中国现当代文学的精神特征、格局特点、形象规律与具体叙事，探究中国现当代文学的影响焦虑与独创努力，表现出作者有关"失去自己的土壤，外来借鉴也就无从附丽"和"个人化体验必须融入人类关怀"以及"文学应成为时代代言"的观念。作者导师应锦襄教授在序言中称这部专著"对文学入门者来说，它有很大信息量，追本溯源，足为入门津逮；而

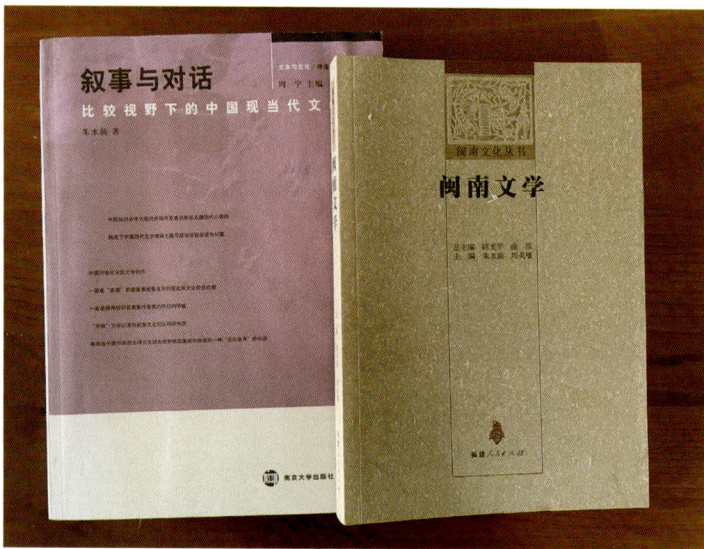

▲ 著作《叙事与对话——比较视野下的中国现当代文学》与《闽南文学》

对于研究者来说，它又高瞻远瞩，有深入的剖析与独到见地，能启发深思"。专著2009年获福建省第八届社会科学优秀成果三等奖。

6.《厦大往事》

独著，为厦门大学庆祝建校90周年献礼丛书"中国最美丽大学"之一，厦门大学出版社2011年3月出版，全书230千字。作者"以学者的态度，用文学的叙事，坦诚厦大人的情怀"，走进底蕴深厚的厦门大学的历史隧道，触摸厦大校主、校长以及诸多大师的精神世界，描绘厦门大学的道道风景，展示厦大人的自强至善情怀，尝试着用一种富有情感与联想但并非想象的叙事，让文献、让历史、让人物的生命重新活跃起来，诗意般地呈现出无法如烟的厦大往事。《厦大往事》在校园的书店中一直排在销售首位，从出版到2021年的10年时间，已经进行了第9次印刷，几近一年重印一次。

7.《黉门絮语》

独著，厦门大学"凤凰树下"随笔集丛书之一，厦门大学出版社2016

▲ 退休后出版的著作:《厦大往事》《蔡天守：一位晋江人的传奇》《簧门絮语》《陈嘉庚传》

年7月出版，全书283千字。"凤凰树下"随笔集为厦门大学出版社精心策划的一套丛书，意在将厦大学者那些"充满灵性的学术感悟文字、感时悯世的政治评论短札、思索道德人生的启示和益智言语、情感进发的直抒胸臆篇什"编选出版，以"让读者感受到这些学者除了不断有高精尖的成果问世外，还有深沉的文化艺术脉搏在跳动，还有浓郁的人文精神、科学精神在流淌"。朱水涌的这部随笔集包括揣摸生活、叩问生命、对话文坛、遐想文化四个篇章，精选了他发表在报纸杂志上的杂文随笔、著作序跋以及讲话、书信，读者可以从中了解到作者对社会、对生活与生命、对当代文坛、对故乡文化的独到感悟与思考，领悟到一个人文学者细微之处的文眼世界以及那沉静波俏的语言。

8.《陈嘉庚传》

独著，厦门大学庆祝建校100周年"百年精神文化"丛书之一，厦门大学出版社2021年4月出版，全书390千字。作者以"下南洋，创中国人的工商王国""办教育，尽国民一分子之天职""走延安，华侨领袖的历史抉择""回祖国，一个国民的生命荣光"四章，在晚清、民国、抗日战争与解放战争、新中国诞生与建设的历史风云中，在政治、经济、文化的时代纠葛与变迁中，叙述"华侨领袖，民族光辉"陈嘉庚生命的光辉历程，

▲ 陈嘉庚孙子陈立人为《陈嘉庚传》签名，并送书给厦大学生代表

塑造了一个"为四万万民族不居人下"而自强不息的"中外在野第一人"形象，表现出民族复兴历史中一个伟大生命的家国衷肠、胆识智慧和诚毅笃行的品格。传记贯穿着作者的三个追问：一是闽南海隅一个小渔村的一个普通家庭，为什么就走出一位在异邦的土地上建立起属于中国人自己的工商王国的实业家？二是一位知识背景微弱没有什么家学只读过几年私塾的人，为什么就将自己的一切献给了人类的教育事业，成为令人高山仰止的兴学育才典范？三是一位在人生道路上并没有受过什么大人物影响指导的"中外在野第一人"，为什么在每一个历史关节点上都能以高远的胆识做出最正确的历史抉择？传记的出版受到广大读者的欢迎，两年时间内便印刷了3次。

▲ 朱水涌主编的部分著作

代表性论文选登

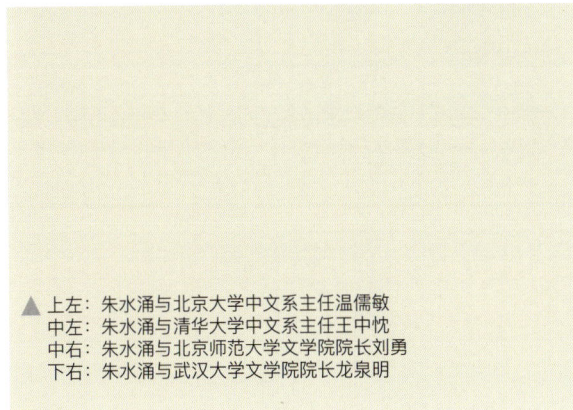

▲ 上左：朱水涌与北京大学中文系主任温儒敏
中左：朱水涌与清华大学中文系主任王中忱
中右：朱水涌与北京师范大学文学院院长刘勇
下右：朱水涌与武汉大学文学院院长龙泉明

历史传奇：史传传统与史诗模式
（删节版）

　　就世界小说的发展轨迹看，历史传奇是一种较早完形的叙事形态。这类小说大多是基于历史事件和传说写成的英雄故事，通常以英雄崇拜为审美核心，"以文章之奇，而传其事之奇"①，在一个特定的历史框架中，或以历史事件为中心线索，或以历史事件为情节纽结，组织着善恶双方力量的对立冲突，将英雄主义的动机、精神和非凡的行为及逢凶化吉的行动组合成戏剧性情节，依冲突的次第展开构成一个愈演愈烈的紧张故事，从而在英雄精神行为和历史事件进程的同步展示中，传达了特定时期特定民族的历史风貌和作家的审美旨趣。然而，由于不同的审美习惯、不同的文学思想、不同的文化背景，尤其是不同的民族叙事传统，中西历史传奇在情节设置和情节结构上便显示出各自的特点，有着各具特色的结构技法，表现了各自民族的精神创造力。

　　汉民族文学没有留下篇幅巨大、叙事曲折的史诗，但拥有一套宏伟的史传叙事文学。春秋笔法，纪传体形式，直接影响着中国小说的叙事形态，特别是那些以历史英雄故事为内容的历史传奇。

　　在中国，小说常有"稗史""野史""遗史"之称，"野史者，补正史之缺也"②。对于历史传奇，这个补史功能自然就更为突出。虽然中国历史传奇也强调"因文生事"，不乏表现出想象虚构的能力，与"以文运事"的《史记》有明显不同，③但它也不像西方历史传奇那样，只将历史当作"挂小说的一根钉子"，而是要求叙事要有史实凭借，"名可托诸子虚，事须征诸实在"④。甚至是要"班班可考，创一事实不得"⑤，以便

---

①金圣叹：《读第五才子书》。
②刘鹗：《老残游记》第十三回评语。
③金圣叹：《读第五才子书》。
④刘鹗：《老残游记》第十三回评语。
⑤李渔：《闲情偶寄·词曲部·审虚实》。

"转可备史家之采撷"⑥。因此，中国历史传奇总是由史籍记载过的历史事变为线索，以历史人物的行动为主导，汇集野史掌故遗事逸闻，加以想象发挥，建构成生动错综的情节系统。《三国演义》"七实三虚"自不必说，就是虚构成分很强的《水浒传》，尽管其故事情节主要是讲史的《宣和遗事》和有关水浒英雄的朴刀、杆棒、公案的传说逸闻合流生成，但作为贯穿全书的总线索，宋江等人从起义造反发展到"官兵莫敢撄其锋"，直至招降讨方腊这条总情节线，也还是有据可查的。

如此求实补史的旨趣，带给了中国历史传奇一个极大的叙事矛盾。一方面是小说情节务必沿着事变史实单向甚至是单线发展，一方面则要在这单向发展的情节线上容纳众多历史人物的活动以表现历史错综复杂的变化。单向单线性的情节线束缚了叙事时空，众多人物的行动和大量的穿插铺叙一旦离开主线便会破坏小说结构的集中，影响情节的时序进展。这就要求传奇小说必须采取某种特殊的结构手段，来解决这一叙事矛盾。在此，史传文学为中国小说叙事提供了可资直接借鉴的样板。司马迁开创的"以人系事"的纪传体，无意间在结构上打破了历史事件的自然顺序，使叙事表现出"圆而神"的叙事风格，为史学与以塑造人物为主的小说的交融和相辅相成开辟了坦途。《水浒传》的主体是前七十回，是在"逼上梁山"的主线统摄下，分别叙述了林冲、杨志、鲁达、武松等英雄好汉的行动，纪传体式展示了不同人物的历程，各有自己的重点、高峰，单线情节发展自成局面，并在同一母题的统摄下汇集到历史事变的总情节线上，错综相间，纷纭杂陈，使单向线性情节的叙事时空得以大大拓展，单一的情节变得曲折丰富又舒卷自如。这种方法，就如金圣叹所评，是"固效古史氏法也，虽一部前后，必有数篇，一篇之中，凡有数事，然但有一人，必为一人传，若有十人，必为十人传"⑦，纪传体式的传统是极其鲜明的。其他历史传奇的总体虽有所变化，却也离这种叙事结构模式不远。因此，中国的历史传奇往往可以从中截取一段，以某个人物为中心，在原有情节

⑥李渔：《闲情偶寄·词曲部·审虚实》。
⑦金圣叹：《水浒第三十三回首总评》。

段落的基础上拓展延伸，重新组成一部完整的小说，或者改编为一出结构完整的戏曲。对此，茅盾曾力图用十二字来概括它的特色，称其为"可分可合，疏密相间，似断实联"⑧。

由于在一条情节线上对众多人物行动分而述之，这就带来了中国传奇叙事时间的重叠化，叙事时间不断地被重新拉回到某一起点，同时叙事两个或两个以上的人物的故事，一会儿中断此故事而展开彼故事，一会儿中断彼故事，再继续前一个故事，这样交叉叙事几个人物故事，既常常打断情节的进展，又不断将情节重新连接，使故事在进展中埋下诸多扣人心弦的悬念。演史小说中经常出现的"花开两朵，各表一枝"，就是叙事时间重叠化的表现。这是一种在共时态中呈现多个事件的独特技法，是在中国历史散文叙事基础上的一种创造，也是由说话艺术而产生的一种叙事技巧。

西方历史传奇的渊源可以直接追溯到古希腊最早的叙事文体"史诗"。自然，中世纪的英雄传奇与西方的历史传奇也有着密切的亲缘关系。西方的史诗是民间创作的一种形式，"就是一个民族的传奇故事"⑨，一种用诗体写成的关于英雄冒险、战争征服的叙事文体，它体现的是西方人将历史神化的审美倾向。亚里士多德说它"比较能容纳不近情理的事"⑩，伏尔泰说它"需要由想象来加以丰富"，在结构上则可以"有较多的节外生枝"⑪。西方中古英雄传奇更是一种人物和故事都为虚构的长篇，一两个骑士的冒险故事结合着他们对于爱情的崇拜、献身，便构成了中古传奇的叙事模式。沿袭这一文学传统的西方历史传奇，虽也是西方人回溯历史的一种方式，但它却丝毫不具有"补史之阙"的意识，它注重的不是历史事实，而是借某个历史框架来演述人类的意态生存和共同感情，来表现一种把历史现实加以升华后的幻想。一向被看作西方"历史小说之父"的沃尔特·司各特（Walter Scott）就说："我用的方法是把我的叙述力量全部集中于人物和人物的热情上——这些热情是社会各个时期人们所共有

---

⑧ 茅盾：《茅盾评论文集》，人民文学出版社1978年版，第290页。
⑨ 黑格尔：《美学》第三卷下册，商务印书馆1984年版，第108页。
⑩ 亚里士多德：《诗学》第二十四章，商务印书馆1996年版。
⑪《西方文论选》上册，上海译文出版社1979年版，第322页。

的；这些感情同样地激动人类的心，不论这颗心是在十五世纪的钢铁盔甲下，在十八世纪的织锦外衣下，还是在今天的蓝色礼服和白斜纹布背心下跳动。"⑫而法国的大仲马更干脆地说："历史是什么？是我挂小说的钉子。"出于这样一种创作意识，西方的作家不像中国的演史家那样尊重历史，而对历史事变的处理带着一定的随意性，甚至可以用自己的想象去取代一部分历史事实。大仲马在《三个火枪手》中就对王后、黎塞留等历史人物做了与历史相反的叙述；司各特在《艾凡赫》里，则把罗宾汉及其手下的绿林豪杰往后推移了两个世纪。像《艾凡赫》如此杰出的历史传奇，在史学家那里却要遭到强烈的非议。如果我们以鲁迅先生概括的两类历史小说来划分的话，中国历史传奇则靠近于"博考文献，言必有据"类，而西方历史传奇则相近于鲁迅所说的"只取一点因由，随意点染，铺成一篇"一类。⑬

在中国传奇中，历史面貌依据众多英雄人物参与历史事变的行动得以直接展示，西方传奇则是借个人的命运遭际与历史事件在情节中的交织来反映或折射历史的风貌。以个人之历史映射社会之历史，这是西方历史传奇的一大特色。《艾凡赫》就是以主人公艾凡赫的被逐、比武、被掳、获救和格斗的遭遇，联系着狮心王理查、圣殿骑士基尔勃和绿林豪杰罗宾汉的活动，而构成一个能表现12世纪英国史貌的传奇情节；作为西方通俗历史传奇代表的《三个火枪手》，反映的虽是17世纪20年代红衣主教黎塞留上台执政后统治阶级内部的矛盾和斗争，但情节则围绕着金刚钻坠子，叙述主人公达达尼昂及其莫逆之交的冒险和他们爱情与诱惑的纠葛。将叙事落点放在史实上并不那么关键的人物及他们的冒险遭遇、神秘活动以及友谊爱情中的纠葛，这一方面有利于传奇作家离开历史而进行文学的想象虚构，更重要的是便于作家通过历史来表现人们所共有的感情，叙事作风吻合了西方作家的历史传奇创作意识。

与此相联系，西方历史传奇总是在历史事变的底色上，多线索地交

---

⑫司各特：《〈威弗利〉第一章开场白》。
⑬鲁迅：《故事新编·序言》，《鲁迅论创作》，上海文艺出版社1983年版。

又叙述主人公政治、军事、经济和情感生活的各个方面，由此展开一个多情节中心的叙事结构，其中爱情情节在整个叙事中占有重要的地位，爱情故事和主人公参与历史运动的事件难以相互剥离。中国历史传奇也有英雄美人的情节设置，在中国，"英雄气短"与"儿女情长"是相对立的，英雄美人在历史传奇中大都只是一段插曲，如果有贯穿传奇始终者，那美人也会中途被雄性化，很快从情爱中跳脱出来，进入建功立业的情节进程。但在西方传奇中，英雄与美人则构成一条贯穿叙事始终的独立情节线，它与英雄在历史事件中的行动交织着向情节高潮发展，而且往往英雄美人的情感冲突，改变了整体情节的方向与发展。英国著名文学评论家瓦尔特·巴哲特1858年在论述司各特的小说时就特别指出："在司各特爵士的小说中，爱情故事总是——或者几乎总是和某个重大事件，或者某个伟大历史人物的命运，或者某种奇特的社会状态的特殊运动和事件联系在一起。"⑭艾凡赫与罗文娜的爱、与蕊贝卡的感情纠葛，在《艾凡赫》中不仅是一条与历史事变相交织的情节线索，而且是触动传奇情节发生重大转折、突变与进展的最关键因素。

除此，在西方历史传奇故事情节的进展中，往往还插进了生活习俗、风土民情的描绘，叙事从巨大历史斗争场面一下子转向私人的平静家庭生活场景，在历史传奇中像开清单那样对家具、服饰、武器和风俗做出细致的描述，以增强历史底色的浓度和叙事的世俗人生感。这种叙事传统，后来在19世纪现实主义大师的笔下广为流传。但这样的叙事段落在中国传奇中难以找到，中国传奇只给读者提供事变的视角，与情节主干无关的情节分支、非事件发展的因素、私人化的家庭生活场景都会被作家特意舍弃。

这样一种"个别事件与其他材料交织"的叙事结构、叙事模式是由西方史诗的叙事孕育而出的。西方史诗不仅表现出西方人将历史神化和想象化的审美意向，而且在具体的叙事上，已经建构一种由个人命运展开多面生活描述的叙事模式。《伊里亚特》叙述的那么一场宏大的远征特洛伊的战争，中心人物却只是阿喀琉斯一人，整部作品的中心情节便是阿喀琉斯

---

⑭文美惠：《司各特研究》，外语教学和研究出版社1982年版，第26页。

的狂怒及其狂怒后的一切后果；而《奥德赛》更是以个人的冒险经历来反映希腊军队的还乡过程，史诗叙事的灾难、人生和情境，都从奥德修斯个人身上得以体现。所以黑格尔要特别点明，"特殊的史诗事迹只有在它能和一个人物最紧密地融合在一起时，才可以达到诗的生动性。正如诗的整体是由一个诗人构思和创作出来的，诗中也要有一个人物处在首位，使事迹都结合到他身上去，并且从他这一形象上发生出来和达到结局"⑮。这显然与"若有十人，必为十人立传"的中国传奇不同。同样，英雄美人的情感纠葛在叙事构成中的重要地位，也是在《伊里亚特》中就奠定了的。阿喀琉斯的狂怒，作为整部史诗情节发展的关键契机，正是由于希腊联军的统帅阿伽门农争夺了阿喀琉斯的女俘才引起的，如果没有英雄美人的纠葛，也就没有阿喀琉斯重新投入决战的一系列情节组合。至于传奇中插入生活习俗和私人家庭场景的细描，也还是史诗叙事开了风气之先，这可以从奥德修斯的视野、阿喀琉斯的盾牌中看到这一类的细描，看到了大地和人类世俗的生存场景。这一切，构成西方史诗那种包括历史事件、人物命运、情感纠葛和风俗家庭场景的叙事组合，形成一种叙事传统，影响着西方历史传奇以及整个西方小说的叙事结构。

中西方历史传奇各自承继了自己民族文学的叙事传统，从而形成了各自特色的叙事笔法和叙事模式，这之中还有更广阔更深层的文化原因。

中国历史传奇作家，有比较明确的补史意识，他们愿意信奉史官，同史官一样对历史持儒家的看法，认为历史是一种治乱相间周期性的更迭，是一部伟人们从事与人欲、邪恶、变乱等周期性猖獗势力做斗争的实录，写史书是为了彰显善的、贬斥恶的、树立新的风气以建立社会的秩序。孔子作《春秋》是"举得失以表黜陟，征存亡以标劝戒"⑯，因而"乱臣贼子惧"；太史公作《史记》，亦是"综其终始，稽其成败兴坏之纪"⑰，实录史迹还要对历史做出善恶兴坏的评判。那么善恶兴坏的历史

⑮黑格尔：《美学》第三卷下册，第152页。
⑯刘勰：《文心雕龙·史传》。
⑰《太史公自序》。
⑱刘勰：《文心雕龙·史传》。

标准是什么？"立义选言，宜依经以树则，劝戒与夺，必附圣以居宗"[18]，标准在经书和圣人君子之言中。圣人君子是中国古人善的观念具体化的礼义表征，内于己能自觉修身养性，体验仁义礼智信，外于己则能排除自己的意欲，符合既定的社会规范，呈现为可行可见的移世化俗的行为。他们是中国古代文化中的理想人格与观念，被看作社会发展中最根本的因素，"天地者，生之始也；礼义者，治之始也；君子者，礼义之始也"[19]。圣人在，礼义行，国家就稳定，社会历史就发展；圣人遭难，礼崩乐坏，则国政不稳，社会动乱。当然，历史观本来并不就等于文学观，但中国历史传奇作家，在补史意识和"文以载道"思想导引下，却也愿意遵循这样的历史观念来演化和传历史之奇，所以《三国演义》会"尊刘抑曹"，《水浒》一百零八条好汉只能听从"忠义"召唤，聚集到"替天行道"的大纛之下，才表现出对"仁德"政治的追慕。传奇作家一面尊重史家，依赖史书和历史传闻所提供的人物和故事作为小说的素材，另一面又以圣人君子之言评判历史，恪守善恶兴败的历史观来理解和演化历史，对于历史人物的评价就如嘉靖本《三国演义》卷首《序》中所言，"遗芳遗臭，在人贤与不贤，君子小人，义与利之间而已"，所表现的就一定是那群能勇敢地担当社会义务的英雄们，以众多英雄人物的行动来强化和多方面表现仁义道德，体现群体的意识和理想，从而形成分而述之而又紧扣历史事件单向性进展的叙事结构。

西方的历史观则是一种个人英雄史观。早在历史观形成之初，西方人就带着一种强烈的自觉个性倾向，把个人的勇敢、健壮和智慧看得无比重要和荣耀。古希腊人认为社会历史起源于具有政治意识的个人的出现，赫拉克利特强调"一个人如果是最优秀的人，就抵得上一万人"[20]。他们突出个人英雄在社会中的作用，强调个人在历史中的自由意志和创造力，宣扬个人将其价值的成就扩充为影响深远、意义重大的史实。罗素曾指出，无论是个人或是国家，人们所寻求的就是享有、自恃和统治，这是与中国

---

⑲《荀子·王制》。
⑳北京大学外国哲学史教研室：《古希腊罗马哲学》，商务印书馆1961年版，第23页。

君子式的"兼济天下""独善其身"的不同之处。所以,在历史传奇中表现个别英雄的价值,表现个别英雄在历史事件中的冒险遭际及其享有和自恃,便是很自然的事。更何况,西方文学本身有着强烈的自主意识。莱辛早在《汉堡剧评》中指出:"历史事件只要像一个布局很好的故事,能够和诗人的意图联系在一起就行了,用不着再进一步照顾到历史的真实。"因此西方历史传奇以个人命运为主线,在个体的意欲和情感力的驱使下,由人物多方面的生活与情感内容展开多情节中心,这犹如黑格尔指出的"情节的累赘复杂,实际上是探索整个人生舞台的自由"[21]。

原载于《文学评论》1990年第2期

---

[21]黑格尔:《美学》第三卷下册,第137页。

《红旗谱》与《白鹿原》：
两个时代的两种历史叙事

（删节版）

　　《红旗谱》是20世纪50、60年代中国优秀长篇小说之一，它出版后便被称为"史诗式的作品"，以概括中国人民革命斗争的"伟大历史图景"而成为中国当代文学创作的"一个重大收获"；[①] 《白鹿原》是20世纪90年代中国最重要的长篇小说之一，它面世后便产生相当广泛的社会影响，也获得"史诗式作品"的评价，是"一部新时期最厚重、最值得研究的力作"。[②] 通过这两部小说历史叙事的比较，可以看到两个时代中国文学不同的创作风貌，进而去探讨当代历史叙事的变化及其精神结构的变动。

一

　　《红》与《白》在小说类型上都可以称为家族小说。家族随时代而发展，它也分担了"人类经验中的一切兴衰变迁"，是认识人类进步过程的珍贵标本，家族还时常被人称为"文化的千层饼"。因此家族小说历来就是中外文学表现历史和复杂的人文内容最经济最丰富的叙事。在中国当代文学史上，《红》与《白》都是以家族的迁变、争斗来浓缩历史嬗变和民族精神的艺术实践。但《红》让家族直接参与到具体的历史事件中来叙述，表现出阶级的历史希冀，历史信息更直接出自历史的"原生情境"；《白》则倾向于家族结构及其变动和一些历史经典行为的叙事，历史信息更多地来自家族叙事的隐喻性，表达的是作者对民族历史及其存在的思考和生命感受。

　　《红》取材于作者一生难以忘怀的"二师学潮"和"高蠡暴动"，

---

① 冯健男：《论〈红旗谱〉》，《蜜蜂》1959年第8期。
② 雷达：《废墟上的精魂——〈白鹿原〉论》，《文学评论》1993年第5期。

这两个华北地区革命斗争中的具体事件是小说叙事的重心和高潮，锁井镇上两家农民三代人的历史和一家地主两代人的历史，就在这历史"原生情境"的发生发展中得以展开。作家梁斌的叙事目的很明确，他说："我写这部书，一开始就明确主题思想是写阶级斗争。"这样，家族的行动直接进入历史中的政治事件，阶级斗争的观念贯穿于叙事之中，锁井镇便划分出以朱、严两家为代表的农民跟以冯兰池家为代表的地主这样两大对立的阵营。农民的反抗循着一条从传统到现代、由自发到集体的政治理性轨迹成长，叙事也在一个全知叙述者对历史时空的全局把握中，用过去到现在的循序渐进方式与主题对应起来，由此将家仇族恨演化为阶级对抗，并汇入政治斗争和民族矛盾的旋涡中，通过家族生活流程与革命斗争历程相一致的概括性想象，叙述现代中国农民的成长史，完成了以国共斗争为核心的、以农民为主要同盟军的中国革命史的文学建构。这是一种革命的叙事，这种历史叙事的最主要特征是以意识形态的二元对立方式，来组构贫富对立、族姓对立和阶级对立，它既表现了一种社会排斥倾向，也体现了一种社会肯定的意图。在20世纪50、60年代的中国文坛，这种叙事可以说是一种典型模式。

《白》所叙述的历史时空和对象虽然与《红》相去不远，但陈忠实力图建构的是"一部民族的秘史"，这是《红》那样的阶级对立模式无法表达的。《白》没有太多地直接展示创造了历史大动荡的集团之间的搏斗，它更关注的是历史斗争背后的文化行为，它把政治斗争作为故事的背景，让叙事的焦点始终对准黄土地一块聚族而居的坡塬，通过白、鹿两姓合二为一的宗法文化的恒常与震荡，来探究民族的生存和精神历程。像中外家族小说经典一样，《白》的叙事世界是由家族之间及家族内部以及家族与社会诸多错综复杂的关系组成的，这里更多的是诸如出走与回归、繁衍与毁灭、再生与腐朽，以及父子冲突等历史的和家族的经典行为。《红》那以农民和革命政党为一方反抗地主、宗祠文化与反动政权同盟的历史叙事模式，在《白》中就被以文化为纽带的叙事代替了，叙事从社会斗争走进日常生活，深入民族文化心理，也由此显得更复杂更隐秘。

　　再看家族血缘关系上的叙述。在《红》中，锁井镇农民的第三代都参加了革命，地主的第二代投靠了官府，由家仇族恨演化的阶级间的政治斗争是几代人延续而下的。《白》在叙述白、鹿两姓第二代人的故事时也有了较浓烈的政治色彩，白、鹿儿女们的社会政治角色也有了区分。但他们之间以及他们与父辈的关系，则没有《红》那样以政治立场去加以确认。叙事在这里横枝逸出，错落生长，曲径通幽，最后都连接到了白鹿原文化精神这个叙事支点上。

　　白孝文这位白家长子经历了生命的禁锢与诱惑、道德的堕落、死亡的恐惧及洗雪耻辱的精神苦旅；黑娃的人生道路是白孝文的鲜明对照，他的人生开始于对白鹿原原有生活和文化秩序的叛逆造反，却结束于回乡认祖归宗并成了圣人朱先生理想的关门弟子，意味着一种文化的回归。白鹿原上的这两个身份不同性格相异的第二代人，一个从"仁义之乡"的家族继承人变成非仁非义之徒，一个从"仁义之乡"的叛逆者回到文化故乡的怀抱，这正好从相对的两个方向起笔，描画了一个文化历史的圆圈：白孝文的起点是黑娃的终点，黑娃的终点则是白孝文的起点。有人抛离，有人回归，时有离去，终究返回，这正是一种民族历史处于恒态不衰而又不无变动的表征。

　　白嘉轩的女儿白灵联系着白的仇家鹿子霖的两个儿子。白灵本与鹿家的二儿子鹿兆海相恋，终因两人选择了不同的政治道路而分手，后来与鹿家的大儿子鹿兆鹏一起搞地下工作，结成了一对革命伴侣。一对仇家的第二代青年男女相爱是中外家族小说经常出现的情节，这往往引出父子冲突这个历史母题，但《白》中的父子冲突并不是由仇家子女相爱而带出的。白灵从父亲的"掌上明珠"变成父亲"当她死了"的人，是因为她不愿回到家族既定的"耕读"之路，她逃出家族的囚牢投奔了革命；鹿兆鹏与父亲的冲突方式也是出走，他不能服从父亲为了家族利益而为他安排的婚姻，他有自己更远大的人生目标。"出走"是中国现当代文学叙述历史的一种经典行为，它是冲破黑暗、反抗家族封建禁锢的有效表达方式，在这样的叙事中，"出走"者往往就与自身的文化母体完全割断了联系，以此显示人物与过去、与旧文化的决裂。但意在揭示"民族秘史"的《白》

的叙事显然要深沉而复杂，它让文化母体的丝丝缕缕缠绕在那些"出走"家园的人们的心灵上。鹿兆鹏坚持革命的坚韧与执着，就带着鹿族祖辈传授下来的"勾践精神"；白灵牺牲时表现出来的凛然与男儿般的血性，分明就像苍茫原上站立着的父亲白嘉轩；还有战死于中条山的鹿兆海，"临终时唯一的遗愿就是躺在家乡的土地上"。而白鹿原上对于这些"出走"的年轻人也不是势不两立的，当鹿兆海被称为"抗日烈士"尸体运回原上时，父老乡亲把他作为"白鹿精魂"举行了最隆重的葬礼；在白灵被活埋的那天晚上，白嘉轩、白母以及朱白氏，都不约而同地梦见"原上飘过来一只白鹿"，白鹿象征着一种不死的精神。《白》的叙事就让那只神秘的想象中的白鹿不时地腾跃在情节的关节点上，由此将历史叙事指向了那块固结白、鹿家族的文化体。

如果说《红》是在二元对立叙事中建构了现代中国农民革命的斗争历史，那么《白》就是在一个更复杂的文化体中，开掘着民族现代旅程的内在历史，这包含着民族精神生活的恒态与变动，以及民族在现代转型中具有悲剧意味的历史命运。

二

读《红》，你眼前是一位在历史的风云中呼啸前行的农民英雄，他叫朱老忠。这个形象被认为是十七年文学中"最有艺术光彩的典型"，其思想性格"深刻地概括了我们这个世纪劳动人民的英雄品质和历史命运"；[③] 读《白》，你眼前则是一位在苍茫的黄土坡上挺直着腰杆走着的乡村长者，他是地主，但他一样受到乡民的拥戴，他叫白嘉轩。白嘉轩经历过太多的风云变幻，但没有一次历史动荡动摇改变他心中固有的为人为世之道。然而，当他最后架起一副祖传的眼镜、挂着拐杖出现在白鹿村的村巷时，我们又能感受到凝聚在这个人物身上的历史沧桑。

朱老忠与白嘉轩，一位是十七年文学塑造出来的农民，一位是90年代文学创造出来的乡村地主，这本来会是一组相互对立的人物，像《红》中

---

③郭志刚：《中国当代文学史（初稿）》（上），人民文学出版社1980年版，第132页。

那样朱、冯两人是势不两立的阶级仇敌，但今天把这两个人物放在一起，则能从两个层面看到民族的人格理想，看到民族的人格理想在不同时代文学中的表现。

朱老忠曾被称为集民族性、革命性和时代性为一身的人物④，作者在创造这个人物时，除了要完成阶级斗争的主题外，他还"想要完成一部有民族气魄的小说"，因此他借当时的典型化手段，几乎让朱老忠集中了中国农民传统英雄性格的最重要因素，尤其是那燕赵慷慨悲歌之士的气度。"豪爽仗义""刚正不阿""为朋友两肋插刀"，这是朱老忠性格最吸引人的地方。这一切都有着浓重的民族理想中侠客义士的色彩，是中国百姓和底层文人理想中的英雄气，是他们为摆脱困境超越现实而想象出来的理想人格。这种"义"的品格总是与情连在一起，所谓"义重如山，情同手足"。作者又让朱老忠的情与义带上强烈的阶级爱憎，以此来区别于旧时"为知己者死"的侠客豪杰。这样，朱老忠一面是与冯兰池这样的地主阶级不共戴天，一面是为穷人兄弟"两肋插刀"，他的民族性便成了他革命性的根本基础，驱使他由一个传统的"慷慨悲歌之士"成长为一个具有阶级觉悟的先进农民。人物因此具备了那个时代所要求的审美价值。这里，民族的人格是朱老忠的个性特征，也是他的性格起点，这种性格最终要在政治理性的引导下，使他从民族的豪侠之士走向成熟的革命战士。20世纪50、60年代中国革命历史斗争题材的文学作品，大多是用这样的叙事来反映这样的历史。

白嘉轩则不是个成长发展的人物，他始终与固结着那块黄土地的文化以及这块土地的生存方式浑然一体，他像他生长的那块土地一样，在沧海桑田的变幻中未曾动摇过自己的根基，他坚守着并且身体力行着祖宗传下来的宗法文化的全部要义、规范和准则，在乡村社会中充当着一个几近人格神的角色。这个人物既隐喻着民族的人格理想和文化理性，也暗示着民族文化在历史进程中的悲剧感，在这个人物身上，几乎集结了民族性格的全部丰富性和复杂性，融入了作者对于我们民族深重的思考。

---

④冯牧、黄昭彦：《新时代生活的画卷——略谈十年来长篇小说的丰收》，《文艺报》1956年第19期。

与朱老忠一样，白嘉轩也有许多义举，有些行为甚至是惊天动地的。在《红》中，朱老忠的义举善行为的是穷苦兄弟，阶级爱憎极其分明；在《白》中，白嘉轩的义举善行不分穷人富人，为的是让白鹿原成为"仁义之村"，把白家立家立身的纲纪世代延续坚守下去。他的以德报怨的举动，被《白》塑造的文化理想人物朱先生称道："这心肠，这肚量，这德行，跟白鹿原一样宽广深厚永存不死。"如果说朱老忠所表现出来的民族性格是为了显示农民潜在的巨大革命性，那么白嘉轩所表现出来的民族文化思想和人格，则是在显示民族生存发展的一种固有的精神，一种令人追思不已的人格价值，这包含着白嘉轩的慎独、坚韧、执着和不为现实运动所左右的人格魅力。

但与朱老忠不同，白嘉轩不纯然是个理想人物，在他坚守着白鹿原这块传统文化精神领地的一生中，他也有着相当残忍的、无人道的表现。出于整肃村风，他对赌棍烟鬼施行酷刑；鉴于族规受到触犯，他对一位外来女子田小娥和亲生儿子白孝文处以令人发指的"刺刷"，尤其在对待田小娥的问题上，更表现出一个宗法文化坚守者可怕的冷酷；他的宝贝女儿一旦背离了家族的运行轨迹，他也毫不犹豫将她因禁起来。这位为了宗法的延续娶了七房女人的"豪壮"男人，以仁爱之心，以义举善行来建设原上的世界，又以残忍的手段、严酷的族规来维护这个世界，同时冷峻地把自己和历史运动拉开距离，力图保持住那块稳固不变的文化领地的自立。在他身上，既显示了一种文化和精神的顽强生命力，同时也表明了这种文化秩序及其礼俗的"吃人"性，他的生命信念就是"在原上建立一种精神"，让子孙如同自己和自己的祖宗那般地存在和发展。然而，现实与历史运动则一次次地击碎了他的愿望，他很无奈的"心上插刀"的比喻，表明这个人物内在的辛酸、悲凉和难以言表的痛苦。

仁爱的长者与严酷的族长、人格的慎独与生命的悲哀，这几重因素的相互激荡，构成了白嘉轩内在的性格内容，这个人物作为作家叙述民族秘史的一个隐喻体，给了我们一种精神的希望，同时也给我们带来了文化悲哀，这种复杂的审美感受，正是作家执着地寻求民族文化的希望与深沉地思考民族历史悲剧所带来的产物，它所体现的也是一种现代性的焦虑。

三

《红旗谱》的开篇是一种震撼性的叙说："平地一声雷，震动了锁井镇一带四十八村，狠心的恶霸冯兰池，他要砸掉这古钟了！"这个开篇一下子拉开了两个阶级生死冲突的阵势，用山雨欲来风满楼的预兆将读者拉回到革命历史斗争的场景，激越、豪迈，带着明确的指示、决然的判断和不容置疑的叙述语气。小说的结尾是朱老忠救出张嘉庆，"冀中平原上，将要掀起波澜壮阔的风暴"，叙事充满了自信和扑向风暴、迎接胜利的喜悦。

《白鹿原》的开篇则是一种苍凉的情调："白嘉轩后来引以为豪壮的是一生里娶过七房女人。"这里尽管出现了"豪壮"这样的形容词，但以"后设叙述"道出，则"豪壮"便增添了一种男性的悲哀。像白嘉轩这样一位如此身体力行于建立一种"白鹿精神"的男人，当他过了人生奋斗的年龄来回忆一生仅仅留下"娶过七房女人"的"豪壮"时，那是一种多么可悲的命运。与《红》不同，这样的叙事开篇不是把读者带进历史斗争的场景，而是带进人的生命，带进家族生活，带到一种让人思索的文化环境。小说结尾呼应了开篇的苍凉感，挺直着腰杆的白嘉轩终于老了，他双手拄着拐杖，向他的仇家鹿子霖表示忏悔，但鹿子霖已经疯了，"白嘉轩轻轻摇摇头，转过身时忍不住流下泪来"。白鹿原上是一片苍茫的景象。

豪迈与苍凉，这构成《红》与《白》家族叙述的美学差异。

在中国新文学史上，出现过一批用家族小宇宙反映时代变迁的名篇巨著，像巴金的《家》《春》《秋》，老舍的《四世同堂》，端木蕻良的《科尔沁旗草原》，路翎的《财主底儿女们》等，这些作品都给我们带来了社会变迁与家族解体的历史信息，为我们提供了一个罪恶的、窒息的、残害和压抑生命的"家"的形象。这些小说总是借助于家族结构与社会结构的相似性，让家族的叙事在某种意义上成为"老中国"和旧世界的缩影。在这批家族叙事中，我们都看到出走家庭的经典行为，看到家族叛逆者所带来的新生和希望，但那家族随时代的变迁而解体的悲剧命运，在叙事风格上体现的则是悲凉、忧郁、哀愁的基调。除了延安时期的解放区文学之外，这种悲凉的叙事几乎贯穿了中国现代文学30年，那是中国现代作家面对如磐的封建罗网而祈盼着民族走向现代文明的焦虑体现。但40年代的延安解放区文学，则在明朗的天空下创立了自己一种明朗的美学风貌。

新中国成立后，中国当代文学是以解放区文学的方向为其发展方向的。从20世纪50年代开始到60年代初，文坛洋溢着政治激情、浪漫的想象和英雄主义的气概。那时，中国刚刚结束了鸦片战争以来近百年的耻辱而获得独立解放的新生，人民刚满怀着从废墟上创建新家园的信心，充满着开辟新大陆的豪情，坚定地相信一个崭新时代已经降临。当代作家以一种睥睨前代的目光，一面热情地记录着轰轰烈烈的现实建设，一面记忆犹新地回顾革命斗争胜利的旅程，追叙着那一番摧枯拉朽的史诗般的业绩。尤其像《红》的作者梁斌这样的作家，他们经历过革命战争和阶级搏斗的洗礼，抱着对一种事业的忠诚与坚信，特殊的经历与教养使他们形成了不同于"五四"作家的艺术趣味和感觉，他们更愿意相信革命现实主义的立场、阶级观点和党性原则，相信文学要揭示出革命胜利的前景。当他们进入创作时，会很轻易地把革命胜利的喜悦与百年来民族强悍的迷恋融为一体，创造出一种民族历史呼啸前行的艺术形象。茅盾当时就说："从《红旗谱》看来，渗透在残酷而复杂的阶级斗争场面中的，始终是革命乐观主义的高亢嘹亮的调子"，其风格是"浑厚而豪放"。[5] 高亢嘹亮的调子，豪放热烈的叙事，明确的阶级意识和政治激情，这不是一个作家或一部作品的特殊之处，而是50、60年代在中国形成的一种时代文艺的共同特征。"五四"以来中国现代作家的那一片沉重的现代忧虑，也被民族新生时的那种喜悦和激情冲刷干净了。

但到了20世纪的最后20年，忧思与焦虑又回到了文学创作中。在经过了"伤痕"文学的历史控诉和政治情绪的宣泄之后，"历史反思"文学给中国当代文学注入了深深的历史的和人性的思考，这些思考的往前推进和向纵深掘进，便带出了文化反思的文学主题。反思既是一种回顾，更是

⑤茅盾：《反映社会主义跃进的时代，推动社会主义时代的跃进》，《争取社会主义文学的更大繁荣》，作家出版社1960年版，第23页。

一种再认识，一种重新确认和重新建构，它一定不是意气风发、豪放热烈的，而且一定发生在历史转折、文化转型的关节点上，一定带着转折时期的深切忧虑。就家族小说而言，在20世纪80年代中后期，已经有几部作品表现出了这种浓重的忧虑。张炜的《古船》和莫言的"红高粱家族"系列就是其中的代表。如果说"五四"新文学的悲凉感来自旧家族旧中国的重压和现代作家对于民族现代沉疴命运的忧思，那么80年代中后期以来中国文学的忧虑，则是出自对民族要如何走在现代道路上的文化思考。就是在这一点上，《白》的作者表现出一个中国作家的现代性焦虑。

《白》的创作出版是在20世纪90年代初期，这是现代中国文化转型的关键时刻。商品经济大潮忽然而至，外来文化思潮接踵而来，世纪之交的焦虑突然而升，此时的中国文坛，有人只看到权欲和物欲驱动下的欺骗、杀戮和死亡，有人正在将文学从民族生存、社会使命和信仰关怀中疏离开来，自然也有人坚定地树起了信念和理想的大旗——理想、道德、人文精神和固有文化的价值正在受到世纪之交的严峻考验。陈忠实在此时怀着一腔责任，和许多使命作家一起，沉重地担负起文化重建的重负，力图在小说中做一次民族人格再造的努力。与"五四"文学批判传统相反，陈忠实在《白》中并不把正统儒家思想看作国人乃至民族生命萎钝的渊薮所在，而让他笔下的主人公在家族这个自足的宗法世界始终处于优越的地位，由此开出一条文化拯救的路。但陈忠实也清楚地看到白嘉轩和其所代表的文化世界在历史面前的无能为力，作家内心世界显然隐藏着一种对我们民族血缘的沉重忧虑，因此，整部家族的历史叙事，在苍劲的基调上又染上了茫茫的哀愁，让人体验到一种文化重建的艰辛和苦痛。

从"五四"新文学的悲凉、忧郁到50年代和60年代文学的豪迈热烈再到世纪之交文学的苍凉，这实际上也体现了中国现代作家在民族现代历程中的一条心灵轨迹。

原载于《小说评论》1998年第4期

五四与新时期：一个百年文学的不解纠葛

　　1977年，在美国出版的《五四时期的中国现代文学》的序言中，波士顿大学的教授梅尔·戈德曼（Merle Goldman）引用了本杰明·施瓦茨（Benjamin Schwartz）曾说过的一个设想：如果中国当前对文化和文学的控制一旦放松，五四潮流还会再一次出现。[①] 就在这一年的岁末，《人民文学》发表了短篇小说《班主任》，喊出了一声震撼当时人们心灵的"救救孩子"的呼喊，这声呼救恰恰与开创了"五四"新文学方向的《狂人日记》取了同一个声音。由此至80年代，中国真的又出现了一次"五四"式的思想启蒙浪潮。那时，中国知识分子是如此兴奋地欢呼中国文学"恢复和发展了'五四'文学传统"，钱理群、陈平原和黄子平是那么令人信服地提出了20世纪中国文学的总主题是鲁迅开创的"揭示国民性"主题。于是，20世纪初诞生的中国现代文学，经历了几十年的嬗变发展之后，似乎又回到了"五四"文学的出发点上。

　　这是一种令人悲喜交集的文学局面。面对着20世纪中国文学这样一次重要的重复，我们有必要去追索"五四"文学与80年代文学的内在联系，探究它们的相似与差异，思考它们出现在世纪初期与世纪末期的原因，这对于追问20世纪中国文学的一些问题，无疑也是一个极好的切入。

一

　　"五四"文学与80年代的文学都带着浓重的文化启蒙意识，这种启蒙意识一面表现在为价值重建而对旧思想旧意识的严厉批判上，一面则凸显出中国知识分子试图通过救人实现救社会的良苦用心。中国知识分子为现代政治寻觅意识形态支援的内心倾向，构成了中国现代文学精神主题与政治宗旨的紧张纠葛。

[①]《国外中国文学研究丛书》，中国文联出版公司1985年版，第108页。

就中国文学而言，古代向现代性质的转变是伴随着晚清的文化启蒙而开始的。出自"改良群治""救人心""启新知"的启蒙意识，从1899年起，梁启超依次提出了"诗界革命""文界革命""小说界革命"的口号，力倡译印政治小说。"六经不能教，当以小说教之；正史不能入，当以小说入之；语录不能喻，当以小说喻之；律例不能治，当以小说治之。"② 这种将文学功能夸大到涵盖整个意识形态领域的观念，是一批在政治变法失败后却不肯放弃心中共和制的改良革命家的共识。梁启超就认为一部文学著作出版，会使"全国之议论为之一变"③；而严复、夏曾佑也说："且闻欧美、东瀛，其开化之时，往往得小说之助。"④ 类似于这般从重建社会政治秩序出发而倡导文学革命的意识，为开始实行转变的中国文学压上了文化启蒙与政治重建的沉重使命。这双重的使命，又恰恰是100多年来中国知识分子在苦苦寻求民族现代道路中的一种"情结"。

20世纪初的"五四"文学完成了传统中国文学的变革，这个变革是在一场发展异常迅猛的新文化运动中发生的。1915年9月创办的《青年杂志》（即《新青年》），开始聚集起一代中国新的知识分子群体。《新青年》一创办便宣布其宗旨之一是"与青年诸君商榷将来修身治国之道"⑤，表明了以"科学"和"民主"为旗帜来号召思想革新的《新青年》，一开始便将思想启蒙与政治重建看作一体，后来陈独秀更直截了当地点明："我们现在认定只有这两位先生(指科学与民主)，可以救治中国政治上道德上学术上思想上一切的黑暗。"⑥

那时，中国正处于内忧外患、救亡图存的历史关头，一面是共和失败、政治争斗纷起、北洋政府重新实行封建专制；一面是专制基础的伦理道德和价值信仰因王权政治的崩溃失却了制度的附丽而丧失了权威的规范力；一面是世界潮流的冲击带来了新的意识形态色彩；一面是欧战爆

---

② 康有为：《〈日本书目志〉识语》。
③ 任公：《译印政治小说序》。
④ 严复、夏曾佑：《本馆附印说部缘起》。
⑤《青年杂志》第一卷第一号。
⑥ 陈独秀：《本志罪案之答辩书》，《新青年》第六卷第一号，1919年1月。

发、外国列强的压迫暂时放松而民族资本乘机中兴。这一切，造成了当时社会结构和价值系统的紊乱、紧张和危机。在这样的历史局势中，焦虑于为民寻找一条现代出路的中国知识分子，普遍怀着一种社会/政治关怀，被注定要在政治制度、伦理道德、知识信仰等各个领域左冲右突、四处出击。社会/政治关怀的"情结"面对着一团纷乱的政治局势，便催生了"五四"知识分子重建政治秩序的强烈愿望，但对于近代政治界"三次革命""虎头蛇尾"结局的理性思考，又使他们认识到必须清除"盘踞吾人精神界根深蒂固的伦理道德文学艺术诸端"⑦的污垢，黑暗政治和民族危机的刺激，变革社会的关怀，民主革命失败的教训，促使五四先驱者举起了思想启蒙的大旗。所以，当胡适出自于"在思想文艺上替中国政治建筑一个革新的基础"⑧而提出"文学改良"时，陈独秀便以"文学革命"给予呼应，明确表示"今欲革新政治，势不得不革新盘踞于运用此政治者精神界之文学"⑨。在这种理论先导和政治图谋下产生的中国新文学，其胚胎中便孕育着政治革命的因子，纠葛着精神主题与政治宗旨的紧张关系。

事实上，中国新文学作为"五四"新文化运动最重要且最有实绩的一翼，其精神主题与政治宗旨纠葛不清的状态，也并非仅仅由于理论倡导才产生。作为"为自我而存在"的创造社，是当时自称为"为艺术而艺术"的文学社团，但他们也并不像自己所说的那样，"以唯真唯美的精神来创作文学和介绍文学"。他们一面宣称"不能言亦不屑言""现代中国的腐败的政治实际，与无聊的政党偏见"，⑩一面则宣传"法国的大革命，美国的独立战争，德国的反拿破仑同盟，意大利的统一行动，都是些青年的文学家演出来的活剧"，宣扬"一切志在改革社会的热忱的艺术家也便是纯真的革命家"。⑪在创造社成立之际出版的三种创造丛书中，就包括一部《革命哲学》。同样，语丝社也是历来被认为有较少政治色彩的文学社

---

⑦陈独秀：《文学革命论》，《新青年》第二卷第六号，1917年2月。
⑧胡适：《我的歧路》，《胡适文集》卷三，北京出版社1998年版。
⑨陈独秀：《文学革命论》。
⑩郁达夫：《创造日宣言》，《创造日》创刊号，1923年7月。
⑪《创造周报》第三号，1923年5月27日。

团，《语丝》的发刊词就明确写着"我们并没有什么主义要宣传，对于政治经济问题也没有什么兴趣"，但这个群体那种"对于一切专断与卑劣之反抗"的共性，⑫ 分明深藏着社会/政治关怀的种芽，这到底是抑制不住的。"语丝"成立一周年时孙伏园在《〈语丝〉的文体》一文中这样写道："昨日谈话会上，林玉堂先生主张扩大范围，连政治社会种种大小问题一概都要评论……语丝同人对于政治问题的淡漠，只限于那种肤浅的红脸打进黑脸打出的政治问题，至于那种替政治问题做背景的思想学术言论等等问题还是比别人格外留意的。说得加重一点，倒是语丝同人最热心于谈政治。"

"替政治问题做背景"和"在思想文艺上替中国政治建筑一个革新的基础"，可以说是中国新文学诞生的动机和出发点。理解了这个问题，我们便不难理解创造社为什么会在20年代中期发生突兀性的转变；不难理解为什么中国现代文学的主流文学会越来越成为政治意识形态的一支有生力量，越来越消失其作为意识形态特殊领域的独特的独立性；同时也不难理解现代文学史上如此之多的文学论争，会将读者带进一种非敌即我、非我即敌的战争般的对立思维中。这不是什么"救亡主题"压倒"启蒙主题"的问题，而是中国新文学自它诞生之日起，就存在着一种文学自身的精神主题与中国现实赋予它的政治宗旨之间的纠葛，在否定传统的"文以载道"的同时，新文学也无奈地构成了自身的"文以载道"，由"代圣贤立言"变为"代政治宗旨立言"。

二

这样，在中国新文学这里，政治从一开始就是文学自身的重要构成，新文学不能不呼应它的倡导者借思想文化解决民族问题的紧迫愿望和强烈政治要求，不能不介入那中国巨大的社会变革运动。由此，社会暴露、社会问题揭示成了五四新文学创作最重要的主题，无论是揭示底层的不幸、表同情于被污辱者被损害者的叙事，还是在现实挤压中做着焦灼、苦闷的

---

⑫《语丝·发刊词》，《语丝》第一期，1924年11月17日。

个性呼叫，或者是对于整个黑暗社会的诅咒，都贯穿着那个时代反封建争民主的时代主旋律，都在实质上表现出人们对现实不满的批判情绪。陈独秀在演讲中所说的"文学的白话文"就是"反对一切不平等的阶级特权"⑬，在一定程度上概括了当时文学创作的普遍意向。

政治功利自然会冲击到文学精神主题的建构，但并不意味着五四新文学精神主题就此而消失。事实上，一个清醒的文学家尽管带着社会/政治关怀进入创作中，他也无可避免地要从生存经验，从个体与生存环境的精神关系中获取现实的初生状态，感受那社会文化内部的时代骚动，由此折射反映出某种思想、某种道德意志和情感的形成、迷误或它的尚未定型的对现实的摸索，在精神层面上提供社会转变的信息。正是文学的这种特性，才使得许多优秀的文学之作超脱了政治赋予它的使命，超越了意识形态的社会批判。"五四"新文学为什么历来被认为是"五四"新文化运动最有实绩的部分，重要缘由是它相当程度地游离了纯粹的政治宗旨和目的，而呼唤着一种新的人文价值，把价值重建、思想启蒙旨在解决政治和社会问题的思路，掉转到解决国人生存和精神困境的出路上来。当时许多作家，都把自己的精神痛苦与中国命运联成一体，创作中既带着对制度根深的探索，又融入了个体乃至民族的精神创伤，这也就造成了"五四"新文学精神主题与政治宗旨的紧张纠葛。

鲁迅的创作乃是这方面的典型。鲁迅也是相信文化革命要比政治经济革命更能改革社会的人，他的创作深寓着那个时代的社会本质，也带着"五四"先驱者们社会/政治关怀的深刻烙印。鲁迅原本是极其推崇自由具有超越性、普遍性价值的"精神界之战士"，其救国的前提思想是"掊物质而张灵明，任个人而排众数"。这种"立人"的理想，正好与要"在思想文艺上替中国政治建筑一个革新的基础"的新文化前驱有着共同的合作基础。然而，鲁迅那要将"奴隶"改造成"人"的理想光辉，在一铁屋熟睡着并不感到即死的悲哀的国人面前，却显得如此黯淡无光，更加上他本人自"小康之家坠入困境"以来的生命体验，鲁迅内在的精神苦痛

---

⑬陈独秀：《我们为什么要做白话文？——在武昌文华大学讲演底大纲》，《晨报》1920年2月12日。

和悲哀实际上犹如"置身毫无边际的荒原"，乃至"惟一的愿望"是让自己的生命"暗暗的消去了"。⑭但他毕竟不想将自己"苦的寂寞"传染给当时"正做着好梦的青年"，不愿抹杀当时《新青年》"毁坏这铁屋的希望"，他出自救国救人，也出自遵奉新文化前驱的"将令"，同时也因为自己还"未能忘怀于当日自己的寂寞"，便以白话小说开始呐喊，并且有意识地用它去"改良社会""改造国民性"。这样，我们在鲁迅的小说中，就能从政治上从现实中读到作者对于旧制度吃人本质的高度概括，觉察到作者对于近代中国政治革命失败的教训总结，看到在"多子、饥荒、苛税、兵、匪、官、绅"压榨下农民的麻木迟钝，想象到个性主义者失却了政治、经济革命基础的悲剧，但更重要更深层的则是读到一个个体生命和一个民族融为一体的精神苦旅，一种对于中国人乃至人本身相当冷峻苦楚的精神解剖。从人性的审视角度，鲁迅的创作已经超越了"前驱"的企图，隐喻和呼唤着一种现代人的价值和观念。

但除了鲁迅等极少数作家的创作，"五四"新文学创作的精神开掘是不自觉的。当时新文学阵营的作家更关注的是社会问题，是底层社会的贫困和苦难。我们都知道，"五四"新文学是在西方文学的直接影响下产生的，但在"五四"时期，西方文学已弥漫着"世纪末"文风，形形色色的现代主义思潮已成了西方文坛的主角，迷惘、怀疑、颓废、悲观与焦虑，表现出了西方文学在精神困境中的左冲右突。这对于新文学的作家们来说，也是心中有数的。然而，"五四"新文学则很少引进借鉴当时西方的现代主义文学，而将介绍借鉴的目光，投向东南欧、北欧的写实主义文学，主要是俄国、波兰、芬兰、瑞典、捷克、保加利亚、希腊以及亚洲的日本的文学。以《新青年》《新潮》《小说月报》三个杂志做统计，翻译小说共155篇，其中属于西欧法、德的作品仅32篇，作家12人，而诸如《现代小说译丛》《欧洲大陆小说集》《星火》《雪人》《空大鼓》这些综合选集，所收的绝大多数也是俄国、日本及其他小国的作品，《小说月报》还专门出了《被损害的民族文学专号》。新文学对于外国文学的这种

---

⑭鲁迅：《呐喊·自序》，《晨报·文学旬刊》1923年8月21日。

选择，是从反映社会、改良社会这个目的出发的，因为这些国家，或是资本主义尚未充分发展，或是受到强邦侵略压迫，现实情形与当时中国处境颇为相似，他们的作品所发出的呼号与申诉能在中国的新文学作家中产生共鸣，他们在社会现实中的挣扎、抗争与精神苦痛，会给处于新文化革命冲动中的中国作家以同感和仿效。

总之，"五四"新文学所担负的启蒙，意在变革中国，这种意在变革中国的文学启蒙，深寓着五四作家内在的政治关注。尽管很多新文学作家带着强烈的个性主义、人道主义理想色彩，表现出一个时代激越的精神渴求，但那大多是作为对旧制度旧礼教的非人道的反拨与彻底否定封建主义的武器和力量，并没有因此而建成中国知识分子的价值体系。"以人道主义改造人类精神，同时以社会主义改造经济组织"[15]，这种相互矛盾的各取所需的对"改造"武器的抉择，注定了"五四"新文学启蒙必须在政治宗旨与精神主题上纠缠不清。

1978年被称为中国人的"激情岁月"，这一年年底，中国共产党召开了十一届三中全会，确立了党的工作重点转移到社会主义现代化建设上，确定了解放思想、实事求是的思想路线。这样，中国知识分子100年来孜孜不倦地寻求现代中国的努力，仿佛在接近世纪末期时找到了一个强有力的政治依托。1979年，当久违近20年的全国文代会召开第四次大会时，许多作家都高声欢呼："就像1919年的'五四'运动掀起的新文化运动一样，它是又一次中国的文艺复兴。"他们表示："横下了心，为了国家，为了人民，为了社会主义事业，为了这次思想解放运动不致半途而废，除了坚决战斗，别无出路。"[16]"文艺复兴""思想解放"，以及这种类似陈独秀"予愿拖四十二生的大炮，为之前驱"的信心、意志和表述方式，都给人一种重现"五四"新文化运动的印象，就连国外学者也都将中国70年代末到80年代初思想解放运动比附成又一次的"五四"运动，美国耶鲁大学历史学家史景迁教授认为，80年代初中国"新散文、新诗歌、新型研

---

⑮李大钊：《我的马克思主义观》，《新青年》第六卷第五号，1919年5月。
⑯《开辟社会主义文艺繁荣的新时期》，四川人民出版社1980年版，第74页、79页。

究团体和新杂志的纷纷出现，不同于21年前的'百花齐放'运动，倒更接近于1919年的'五四'运动，或者晚清读书人在上海和日本所发起的运动"⑰。

如果说"五四"新文化运动是中国知识先驱者们在眼见了义和团运动、辛亥革命、张勋复辟等历史动乱后，转而以启蒙主义来唤醒国民打倒封建主义，以"科学与民主"寻求创造一个现代的中国，那么80年代中国知识分子所极尽全力参与和推进的思想解放运动，则是知识分子在经历了反右斗争扩大化、"文化大革命"等民族灾难之后，再次举起五四的启蒙主义旗帜，意在清除封建主义、打倒封建专制，再次以"科学与民主"努力为现代中国的历史道路清除前进的障碍。

在"文革"结束后的历史反思中，中国知识分子还来不及对"五四"新文化运动进行更深刻的反省，他们更直接的体验和认识是政治上的"极左"与封建主义有内在联系，"文化大革命"等政治事件的发生有其社会心理基础，他们首先看到的是"五四"启蒙任务的尚未完成。从70年代末到80年代中期，中国文化界在中国现代思想史研究、现代文学研究和鲁迅研究等领域，均提出五四启蒙任务"中断"、现代中国缺少欧洲百年文化启蒙的历史阶段、"反封建主题并未延续下来"的观点，认为"'五四'新文化运动的中断确实是中国文化的一大悲剧"，"启蒙至今不失去它的意义"。中国现代知识分子心中百年不死的思想启蒙意愿，就凭借着80年代一场声势浩大的思想解放运动，诉诸历史的实际活动，再度展开而去，在20世纪末期继续20世纪初期自己未能遂愿的精英启蒙使命。

像"五四"时期一样，启蒙思想依然是最充分地体现在文学的时代主题上，知识精英所使用的思想武器也依然是"科学与民主"，是西方人文主义关于人的理想。从70年代末到80年代前半期，文学和"五四"时期的文学一样，是中国人精神生活的最主要形式。那时文学对人的命运不同程度的关注，对人的价值的呼唤，对人的本质的理性化的发掘，都带着明显的反封建的"五四"文学的立场。在经过了严酷的历史遭难之后，中国

---

⑰史景迁：《天安门——知识分子与中国革命》，中央编译出版社1998年版，第372页。

作家再度召回了知识分子的精英意识，将"极左"政治、现代中国前进的障碍与封建主义联系在一起，批判窒息人的社会环境和非人的"极左"政治，以及封建文化的网络、桎梏及其深远的思想意识影响。无论是"伤痕文学"对践踏人性的控诉，还是"历史反思"文学对人的政治异化的揭示，也无论是社会心理小说对种种"现代阿Q"和"现代看客"的剖析，还是乡土文学对人情人性之美的呼唤，80年代的作家都努力学着用鲁迅式的话语，述说着对人的尊严和人性的期待，以知识分子的人文精神，批判奴化保守，启迪民众觉悟，阐发"五四"文学所开创的"立人"思想。与此同时，理论界将50年代的"文学是人学"的命题再次鲜明地提了出来，重新展开讨论，强调"以人的思维为中心"，并扩展到关于"文学主体性"的论争，思想界关于"马克思主义也是一种人道主义"的理论也渐成气候，理论界努力用马克思的人道主义来替代给中国当代文学带来灾难的"阶级斗争工具论"。1987年，当时的中国社会科学院文学所副所长何西来先生在总结新时期文学创作时这样说："人道主义的勃兴，人的重新发现，是主体意识觉醒的标志，也是新时期文学的最重要的特点。"他说："人道主义的复苏，是春江水暖时对阶级斗争扩大化的理论和实践的一种有力的反拨。"他认为："'人是马克思主义的出发点'的命题，并不错的。不仅不错，而且还应当加上一句：也是归宿点……把人道主义作为一种价值判断的历史尺度，是完全可以成立的。"⑱

与"五四"时期的文化启蒙一样，80年代的思想启蒙也是针对现实的政治而提出来的。"五四"时期帝国主义对中国的侵略日益加剧，而封建王权的政治结构业已崩溃，民族的政治危机严重，民族自强自立的历史要求迫切，正是在这种政治文化的背景下，知识分子先驱者发起了新文化运动，着重于解决与政治危机相联系的精神问题。因此，"五四"文化中各种相去甚远的内容庞杂的思潮，都被《新青年》归总到思想启蒙和改造国民人格的总目标下。20世纪70年代末到80年代初，国际上东欧政治局势开始动荡，国内则处于拨乱反正、澄清历史是非的时刻，这样，启蒙主题与

---

⑱何西来：《文艺大趋势》，湖南文艺出版社1987年版，第25页、27页、28页。

解决现实的政治问题便又极紧密地结合在一块儿，甚至可以说是现实的政治诱发了80年代启蒙主题的产生。但不同的是，"五四"的启蒙主义是为重建社会政治秩序而寻觅意识形态的支援，是要在彻底批判否定现存的意识形态基础上，由价值重建引发建立一套现代中国的政治秩序。而80年代启蒙思想再度兴起，则是与现存的主流意识形态话语相一致，是80年代意识形态权力叙述的一部分。粉碎"四人帮"后，中国政治上倡导"思想解放"，提出"清除封建思想影响"，以打通改革开放和社会主义现代化建设中的坚冰与障碍，文化思想领域对于封建主义及其思想意识的批判，文学人道主义的不断拓展，总是诉诸现实政治的演化，保持着与主流意识形态直接对话的权利和紧密合作的关系。作为当时最引起"社会轰动效应"的"伤痕文学"和"历史反思文学"，对于人的关注和对人的价值的呼唤，更多的是在政治层面上展开的。所以，文学在80年代初成为承载意识形态最新信息的载体，扮演着文化与政治的双重角色，纠缠着政治上拨乱反正与精神上思想启蒙的主题。作家一面坚持"文学是一种精神活动，它面对的是人，特别是人的精神活动、精神生活。没有精神上的自由驰骋就没有文学"；一面坚信"文学与革命是不可分割的"，[19] 在作家们心中的文学信念，仍然是"我们想恢复文艺反映社会生活这个起码的职能！我们想让人们记住惨痛的历史教训！我们想让人们分辨良莠、识别是非！我们想在人民群众心目中恢复社会主义革命的信念！我们想让人民认识到中国的现状，认识到前进道路上的坎坷和光明"[20]。

经过这一番考察，我们可以发现："替政治问题做背景"和"在思想文艺上替中国政治建筑一个新的基础"，这不仅是世纪初"五四"新文化运动中文学的动机和出发点，也是世纪末期思想解放运动中文学的动力和指向，联系近百年来中国新文学发展，可以看到文学的这一政治宗旨实际上一直与文学自身的精神主题纠缠在一起，它们构成了新文学百年发展中一个难以克服的内在紧张。这种"紧张"曾经在相当长的一段时期

---

⑲⑳王蒙：《我们的责任》，《开辟社会主义文艺繁荣新时期》，作家出版社1978年版。

内被政治意识形态的权力所瓦解，使文学成了意识形态政治叙述的重要组成部分，但这种"瓦解"由于其制度性地割裂了文学与世界、与生存最核心的精神关系，实际上并无能力铲除文学这一内在的"紧张"。因而，当70年代末到80年代初的思想解放运动到来之际，中国新文学便又自觉地将自己与"五四"诞生时期联系起来，做出再度启蒙的努力，这一次的努力因为有主流意识形态的共鸣，也由于刚刚从政治噩梦中醒来的作家尚未意识到精神主体解放的艰难，所以便充满了理想浪漫的色彩，洋溢着某种文学功利的喜悦，而未曾发生过"五四"时期鲁迅式的"苦闷的象征"。但新文学精神主题与政治宗旨的紧张却暗暗地加剧了，这直到20世纪最后的时期，中国知识分子在世纪末的自省中才意识到了这个百年纠葛，才发现"五四"提出的许多问题至今没有解决。

原载于《文艺理论研究》1999年第4期

当代文学的空间焦虑

　　与"五四"新文学呼唤、追赶现代的时间诉求不同，共和国成立后的当代文学更表现出一种现代性的空间焦虑。无论"冷战"格局中的十七年文学，还是80年代"文化殖民"阴影下的文学寻根热潮，抑或是在现代民族国家与世界共同体纠葛中的90年代以来的文学，都不同程度地表现出一种空间性的焦虑状态，空间焦虑是中国当代文学60年的一种精神特征。

　　新中国成立后的十七年文学，是在一个东西方严峻对立的"冷战"格局中发展起来的。1949年7月召开的第一次全国文代会，以组织化和制度化的形式宣告了新中国文学的方向以及与西方文学决裂的意志。周扬和茅盾的报告，在历史的坐标上为反对西方资产阶级文艺、确立中国社会主义文艺方向提供了理论的依据和实践的证明；郭沫若的总报告，则将"五四"以来30年的主要文艺论争概括为"自由资产阶级的所谓为艺术而艺术的路线"与"代表无产阶级和其他革命人民的为人民而艺术的路线"的斗争，提出今后三大任务之一是"反对新文艺界内部的帝国主义国家资产阶级文艺和中国封建主义文艺的影响"，在人民大众与西方资产阶级的对立逻辑中，宣布了"欧美没落资产阶级文艺"的"完全破产"。以此为起点，一个统一的以"无产阶级""社会主义""工农兵"为关键词的中国当代文学开始了它的特别历程，当代文学由此改变了中国现代知识分子倡导和实践的、从西方汲取现代性资源的"五四文学"传统，选择延安解放区文学为"一个伟大的开始"。十七年文学的政治性、阶级性、意识形态化和人民大众特征也因此滋生发展。

　　在这种格局中，中国文学表述着民族主体性的焦虑。毛泽东直接要求文艺家不要"什么都学习俄国"，要创造"中国自己的、有独特民族风格的东西"，与此同时，"革命的现实主义与革命浪漫主义相结合"的创作方法也取代了由苏联引进的社会主义现实主义原则。追求文学的中国作风和中国气派，实现社会主义话语与民族主体性话语的统一，成了当代文学解决民族主体性焦虑的文学策略。

《创业史》争论的核心是社会主义文学塑造新英雄人物的问题，因为这关系到"造就千百万无产阶级革命事业接班人"的头等大事。这场争论体现了十七年文学对艺术问题的简化和对政治思想倾向的强化，而柳青坚守自己创作原则的表现，则表明了当年作家以文学抵抗颠覆的真诚与决心。东西方对峙的焦虑，形成了十七年文学更适合从政治斗争、从两种意识形态的对立去理解的特殊性，建构了一种政治穿透文化，私人空间"融合归拢"于公共空间，以及努力创造民族作风与民族气派的美学特点。

80年代中期，日渐清晰的全球化发展态势将文化的全球综合趋势与各民族文化独立生存发展的冲突推向历史的前台，"文化殖民"凭借着雄厚的经济资本威胁着现代后发展国家，影响着人们的日常生活和价值选择，用当时韩少功的话说是"从外汇券到外国香水，都在某些人那里成了时髦"。在此趋势下，文化问题超越了政治问题，文化身份的焦虑凸显出来。"寻根"与当年的"文化热"，体现的是改革开放的中国最初对现代化中国的文化身份的焦虑，具体体现在寻根文学的倡导和创作中，就是为"中国文学走向世界"寻找传统文化的价值支撑。与80年代初文学努力衔接"五四"启蒙现代性的时间"断裂"不同，寻根文学将反思的触角伸向"五四"新文化的反传统姿态，提出跨越"五四""文化的断裂带"，倡导回到传统寻找资源，开掘中国文学的"根性"，"重铸民族自我"，在一种民族主体缺失的焦虑中，企望以一个"强大的、独特的文化限制"抵达"世界文学先进水平"。这种回望传统、走出时间现代性诉求的叙事想象，是当代文学摆脱现代文化身份焦虑和西方现代性制约的一种努力，得到文坛的热烈呼应。

寻根文学的突出特点是凝固化边缘化的空间叙事，其人物的活动、情节的发展大多是在"家乡那块邮票大小"的、未被现代文明侵扰改造过的乡土世界展开，叙事以大量的民俗、传说、神话、古歌、仪式表演表现远古的魅力，但如此的地域文化和民间记忆的寓言式表达，实际上是以静止的空间切断了现代性的时间进化，其世界与中国之间的空间想象，留给人们最深的是那些渐行渐远的乡土生命的生存与记忆，是传统文化在现代社会的失落。这除了反衬出现代性的某些欠缺外，并无力映照出这欠缺背后的真实，终究没能在传统与现代的关系中寻找到真正的文化支点。这致使寻根文学的重建传统陷入事与愿违、理论与创作分离的尴尬境地，文化身份的空间焦虑最终无法离开时间进化的诉求而得以独立解决。

寻根文学的问题在于用西方的现代性武器寻找传统文化的"根"，即韩少功所说的"释放现代观念的热能，来重铸和镀亮"民族自我。自近代以来，西方现代性衍生的一系列价值理念，成为中国知识分子想象现代中国的价值支撑，其影响主要是通过对传统文化的批判而使西方的启蒙现代性变成现代中国自身反思历史、改造现实、憧憬未来的思想视域与问题框架。寻根作家与全球化趋势相遇时的种种问题，让寻根作家一改时间进化的立场，产生"西方文化会造成民族个性消融"的焦虑，他们甚至以批判的姿态把"五四"看成是全盘西化的起点。但寻根作家的知识背景和成长经历，又使他们命定地成为"五四"文化的传承人，无论对本土文化还是对外来文明都怀着极其复杂的感情：一方面对民族古老文化深怀眷念，力图在民族的文化积淀中寻找现代资源与价值支撑，以避免"文化殖民"的危险；一方面则无法摆脱20世纪中华民族的基本历史境遇和文化境遇，不能不直面愚昧与文明、落后与发达的冲突以及冲突中复杂的现实和生存状态，而这恰恰是在现代中国与现代西方"比照"中形成的历史遮蔽。这种矛盾心态与遮蔽，让寻根作家时空纠葛不清，空间焦虑陷入了时间尴尬的境地。

作家王安忆在朱天心的《威尼斯之死》中"看到一个写作者从一个空间移到另一个空间，寻找着能够让他从容写作的地方"，"他不知道这地方应该是怎样的，只知道这地方不是怎样的"，"最后他终于找到一家咖啡馆；没有特别的风格，或者说拥有太多的风格，于是互相抵消，这家咖啡馆的名字叫作'威尼斯'"，"写作终于在这四不像的'威尼斯'艰难跋涉下去"。这种在空间的位移中艰难地寻找一处精神栖息地而不得的焦虑和无奈，是20世纪90年代以来中国文学的一种普遍性的精神特征。

90年代以来中国最大的变革是经济建设主战场的形成，是城市化的迅猛脚步，以及由此产生的大众社会与大众文化体系的出现，这些以利润和消费为主要特征的社会现实，是中国当下现代性表面的却是现实的体现。就整个世界而言，全球化、多国化、跨国化趋势突出明显，但现代民族国家与世界共同体的关系却晦暗不明，在一种多元主义与相对主义的现实情境中，现代性从历史进程的线性中被提取出来，呈现为一种空间结构性的存在。融入世界体系的中国，面临的就不再主要是现代与传统、东方与西方对立，而是横向涌来的现代性多副面孔，是世界共同体的生存与发展的问题。中国文学一面遭遇中国特殊的前现代、现代与后现代的文化纠葛，价值、立场七零八落；一面则与世界文学共同面对着现代性的反思，失却了原本清晰的历史时间指向。变化的无处不在和现实的不确定，让中国作家陷入无所适从的空间焦虑。在贾平凹那里是一种"废都"的焦虑，无论是古都四大文化名人的沉沦，还是《怀念狼》对生存生态发出的狼嚎，或是《秦腔》对秦人之声唱出的苍凉高腔，都在一种生活自然的空间状态呈现中，表现出作家对脚下故土的现代焦虑；王安忆则捕捉着种种现实的延伸和变异的空间，在她那不露声色的反讽中，突变的当代社会正在将原先的文化规则打乱，那些身份不清的普通人的"自由追梦"，面对的往往是价值荒芜的精神瓦砾场；毕飞宇的创作是"一只脚踩在乡下，一只脚踩在一座想象中的城里"，但乡下的那只脚并没有走在沈从文式的乡土乌托邦的路上，城里的那只脚也没有跟着鲁迅的步调以揭露现代文明启蒙乡土的陋习，他关注的是两脚间的城乡断裂带的复杂状态，他的故事更多的是疑问：什么样的世界才是乡村应该走向的都市？什么样的结局才是玉米们成长的终极？而阎连科则将自己的笔触集中于基本社会空间的基本群体的基本追求，以及这种追求在现代进程中的破灭，以现代寓言将自己的焦虑浓缩成一个荒诞空间。

20世纪90年代尤其是新世纪以来一批具有代表性的作家作品，无论它们是关注一个空间的现代骚动，还是注视着现代生存的断裂地带；是在诸多空间中呈现现代生活的变化，或是将现实的体验高度浓缩为某种怪诞的场景，都表现出一种有别于其他时代的叙事意向，那意向就像王安忆感觉的那样："不知道这地方应该是怎样的，只知道这地方不是怎样的。"这种创作意向表现出失却历史价值支撑的无奈，透露着在全球化与多种现代性面孔纠葛中时间被提取后的空间焦虑。

原载于《文艺报·文学评论》2010年4月21日

厦门时期的鲁迅：温暖、无聊、寻路

▲ 鲁迅亲属与厦大中文系老师（前排右起：鲁迅孙子
周令飞、鲁迅儿媳妇马新云、鲁迅儿子周海婴、周
令飞夫人张纯华、二排中间朱水涌）

▲ 朱水涌向鲁迅亲属介绍鲁迅在厦门（左起：朱水
涌、厦大常务副校长潘世墨、中文系主任周宁）

　　1926年9月4日至1927年1月15日，鲁迅在厦门大学任国文系教授和国
学研究院研究教授。南下时他原本计划在厦门教两年书，却不料一个学
期结束后就很快离开厦大到广州中山大学。但在厦门短短的四个月，却
是鲁迅人生的一个重要驿站，是他生命"一面是埋葬，一面也是留恋"
的重要阶段。后来鲁迅自己说："我离开厦门的时候，思想已经有些改
变。这种变迁的径路，说起来太烦，姑且略掉罢，我希望自己将来或者
会发表。"[1] 鲁迅在厦门时思想到底有了哪些变化，为什么其"变迁的路
径说起来太烦"？鲁迅终究没有再给我们更直接的说明。1933年，瞿秋
白写出那篇著名的《〈鲁迅杂感选集〉序言》，提出了鲁迅的思想"转
变"是"从进化论最终地走到了阶级论，从进取的争求解放的个性主义进
到了战斗的改造世界的集体主义"[2]，认为1925年的五卅惨案，1926年的
"三一八"惨案和1927年在广州目睹的屠杀促成了鲁迅思想的变化。厦门

---

① 鲁迅：《而已集》，人民文学出版社1980年版，第46页。
② 何凝（瞿秋白）编录并序：《鲁讯杂感选集·序言》，青光书局1933年版。

时期的鲁迅由此进入鲁迅思想研究的重要视域。1935年李长之的《鲁迅批判》在《益世报》和《国闻周报》连载，李长之在没有看到瞿秋白文章的情况下，同样得出鲁迅是从进化论转变到阶级论的结论，在他的鲁迅精神发展的6个阶段中，厦门时期是鲁迅"吸收了那种新的方向的理论"的"潜伏期，酝酿期"。此后，在半个多世纪的鲁迅研究中，厦门时期便成了鲁迅思想"锐变和飞跃"③、"接受马克思主义"④、"量变转化为质变"⑤的新起点。鲁迅在《坟》的题记写下的"一面是埋葬，一面也是留恋"一概被阐释为埋葬进化论，他的关于高长虹的文字被阐释为对"青年的必胜于老年"信念的放弃和批判，他对于顾颉刚等人的怨，被认为是"三一八"惨案以来鲁迅与现代评论派斗争的继续。大多数关于鲁迅在厦门的研究（该时期的鲁迅研究实际很少），基本上就在从"什么阶段"到"另一个什么阶段"的线性发展逻辑上进行，厦门时期也就成为前期进化论者的鲁迅与后期马克思主义者的鲁迅的转折点、关节点。然而，这种逻辑框架中的鲁迅研究容易造成对鲁迅整体人生的遮蔽，尤其是对鲁迅情感世界和人格世界有意无意的忽略，看不到作为教授的鲁迅、作为恋人的鲁迅在人生的道路上"很有些徘徊不决"⑥的生命形态，恰恰是特定时期这些特定身份的鲁迅，才是厦门时期鲁迅的真实存在。本文只想回到实际的历史语境对特定时空中鲁迅的生命特点做客观的考察，我把厦门时期鲁迅的生命特征概括为温暖与无聊厮守，埋葬与留恋纠缠，体现出徘徊于"寻路"的鲁迅的身份纠葛。

一

从充满激烈斗争与论争的政治文化中心的北京来到了位于东南海隅的厦门大学，鲁迅的内心显然少了许多外在的制约因素。从旧世界"斗士"的角度看来，这是鲁迅"装死""隐晦"的时期。⑦鲁迅写下了这样的文

---

③李宗英、张梦阳编：《六十年来鲁迅研究论文选》（上），中国社会科学出版社1982年版，第444页。
④李泽厚：《中国近代思想史论》，人民出版社1979年版，第460页。
⑤正一：《鲁迅思想发展论稿》，四川人民出版社1980年版，第46页。
⑥鲁迅：《鲁迅全集》第十一卷，人民文学出版社1981年版，第184页。
⑦林语堂：《鲁迅》，《北新》第三卷第一号，1929年。

字，"我一生的失计，即在向来不为自己生活打算，一切听人安排"，而此时"只能听我自便"。⑧ 尽管写给许广平的这些话有其具体所指，但它确实是鲁迅比较自由自主和脱离了为斗争环境所囿的轻松心态的表达。在厦门大学，除了国学院的研究任务，鲁迅每周只有五六节课要上，他在写给许广平和友人的信中，多次写到"教科不算忙""时常闲着玩""茶水饶足""能吃能睡"，人"肥胖一点""心情也自然安泰""比先前较安帖"，于是有了一种"想从此整理为较有条理的生活"的想法，甚至为自己的"懒惰"深感"内愧"。⑨ 就在这样一种日常生活中，人间鲁迅向我们呈现了他生命中最柔软的那部分，那里有着这位"从小康坠入困境"而"感受到世态炎凉"的"精神界之战士"难得表现正面的温暖情怀。

在厦门，鲁迅写下了《从百草园到三味书屋》《父亲的病》《琐记》《藤野先生》《范爱农》五篇回忆性散文。他在1926年10月12日给许广平的信中说："我连做了四篇《旧事重提》。这东西还有两篇便完，拟下月再做。"⑩ 但最后还是只做了5篇。鲁迅向来不相信和反对"为艺术而艺术"，他坚信"好的文艺作品"是"自然而然地从心中流露出来的东西"。⑪ 这5篇"在纷扰中寻出一点闲静来"，由于"思乡的蛊惑"⑫ 而作出的散文，"自然而然"地"流露"了鲁迅在厦门时的特别心境。无论是《父亲的病》对于"人间至爱者"亲情的叙述，还是《范爱农》关于"旧朋"寂寞中相濡以沫的友情回忆，或是《藤野先生》对异邦教授"不倦的教诲"爱心的抒写，这批文章都弥漫着温暖的慈爱与闲适的情调，而不像他以后写的《忆素园君》《忆刘半农君》那般有着更多的世间感慨与悲哀。尤其是《从百草园到三味书屋》一文，弃尽了先前《野草》的隐晦与沉重，显得特别的率真与明亮，童年的"乐园"洋溢着童年生命的天真，即使是描画三味书屋里的那位私塾先生，他朗读文章时的沉醉乃至他的"瞪眼"与"怒色"，也都隐藏着鲁迅其他文字少有的温情。

⑧鲁迅、景宋：《两地书·原信》，中国青年出版社2005年版，第225页。
⑨《鲁迅全集》第11卷，第123页、128页、134页、169页、178页、120页、140页。
⑩《鲁迅全集》第11卷，第151页。
⑪《鲁迅论创作》，上海文艺出版社1983年版，第531页。
⑫《鲁迅论创作》，第33—34页。

　　事实上，鲁迅在厦门的日常生活，与这组散文所流露出来的心境是一致的。读《两地书》，我们会读到一些率真活泼如孩子般的鲁迅印象。在1926年10月28日的信中，鲁迅详细地向许广平描述了自己跳铁丝网的事："楼下的后面有一片花圃，用有刺的铁丝拦着，我因为要看它有怎样的拦阻力，前几天跳了一回试试。跳出了，但那刺果然有效，给了我两个小伤，一股上，一膝旁，可是并不深，至多不过一分。"⑬许广平读后回信写道："在有刺的铁丝栏跳过，我默然在脑海中浮现出那一幅图画，有一个小孩子跳来跳去……活泼泼的。"⑭许广平的这段话后来在鲁迅编《两地书》时被删掉了。我们不知道鲁迅在1932年删掉这些话的原因，但却能感受到45岁的鲁迅在厦门时的一种"跳跃"的心境，一种童心未泯的天真之气，一种生命的活泼状态。有了这样的心境，也才有了"油蛉在这里低唱，蟋蟀们在这里弹琴""轻捷的叫天子忽然从草间蹿向云霄里去了"这样轻松愉悦文字的自然流露。

　　在1926年9月30日的信中，鲁迅告诉许广平，听课学生多起来了，其中有5个女生。有意思的是鲁迅说到女生时特别写道："我决定目不邪视，而且将来永远如此，直到离开了厦门。"⑮这是恋爱中的鲁迅的幽默。对于这幽默许广平是高兴的，她在1926年10月14日的回信中写道："这封信特别的'孩子气'十足，幸而我收到。'邪视'有什么要紧，惯常倒不是'邪视'，我想，许是冷不提防的一瞪罢！"并且开玩笑让鲁迅不妨"体验一下"张竞生的"鲜花美画"的"伟论"。⑯于是鲁迅回应说"邪视尚不敢，而况'瞪'乎？至于张先生的伟论，我也很佩服，我若作文，也许这样说的。但事实怕很难"，并且表示"决计从此不瞪了"⑰。显然，这是一对恋人间的玩笑话、调皮话，无论是正话正说，还是正话反说，或者是反语正说，都流露出与爱偕行的鲁迅活泼的生命状态和禁不住

---

⑬《鲁迅全集》第11卷，第177页。
⑭鲁迅、景宋：《两地书·原信》，第224页。
⑮《鲁迅全集》第11卷，第135页。
⑯《鲁迅全集》第11卷，第160页。
⑰《鲁迅全集》第11卷，第163页。

的欣悦心情，这也便是鲁迅在厦门经常提到的"精神上倒并不是寂寞"[18]和生活上"无须喝酒"的重要原因。鲁迅在北京经常喝酒，"太高兴或太愤懑时就喝酒"[19]，来厦门之前，则是寂寞孤独与悲哀笼罩了他的生命。但来到厦门，正如鲁迅后来自己所说的，"躲在厦门岛上的时候……我沉静下去了"[20]，正是这种从新文化战场上和"女师大风潮"中"沉静"下来的鲁迅，让我们更多地看到他那深沉世界里温暖的情怀。

在鲁迅眼里，那时的厦门可谓是不干净的"大沟"中的"小沟"，对于此地的闭塞、守旧和风气，鲁迅有诸多的牢骚和厌倦。但他并没有取他那"站着""使所谓正人君子也者之流多不舒服几天"[21]的姿态，相反却表现出某种平静与对人的体谅。有几次在受到"小刺激"后，鲁迅是有些愤然而决计要一走了之的，但想到他的辞职会使林语堂"一晚睡不着"，"对他不起"，也就打消了辞意；[22]想到"只怕我一走，玉堂立刻要被攻击，因此有些彷徨"[23]；鲁迅之所以坚持到学期结束后才离开厦大，也是"为玉堂面子计"，不落下让人指责林语堂的"口实"。[24]即使对"尊孔"的林文庆校长，鲁迅也都如约参加他的宴请，礼貌地回复校长对于自己离去的挽留。[25]而他与顾颉刚的关系，我们也只是在1932年《两地书》出版后才清楚内中的实情，但在厦门大学期间的日常工作生活中，他们也还保持着正常的同事关系和客气。顾颉刚赠自己编的宋濂的《诸子辨》给鲁迅，鲁迅函请日本友人抄出内阁书库所藏明本的序言给顾颉刚，帮助他解决撰写《封神榜》序言缺少资料的苦恼。直至鲁迅离开厦大前夕，两人还一起到民钟报社去否认"鲁迅之行系由国学院内部分为胡适派与鲁迅派之故"的传言，[26]现实中的鲁迅与顾颉刚，实在没有后来在广州那般的誓

---

[18]《鲁迅全集》第11卷，第169页。
[19]《鲁迅全集》第11卷，第151页。
[20]《鲁迅论创作》，第542页。
[21]鲁迅：《坟》，人民文学出版社1980年版，第277页。
[22]《鲁迅全集》第11卷，第133页。
[23]《鲁迅全集》第11卷，第180页。
[24]鲁迅、景宋：《两地书·原信》，第236页。
[25]《鲁迅佚信一封·致林文庆》，《鲁迅研究月刊》1999年第10期。
[26]顾潮：《顾颉刚年谱》，中国社会科学出版社1993年版，第135页。

不两立，也不是长期以来人们想象的那种剑拔弩张的对立状态。这一切，都表明了鲁迅在他那个较为纯粹的教授学者时期，并非是一个"横眉冷对"的斗士形象。

鲁迅的南下厦门以及很快离开厦门，都与他和许广平的爱情有着最直接的关联。厦门是鲁迅宣告"我可以爱"的地方，厦门时期是鲁迅爱的情感和思念积淀与爆发的时期。作为一位45岁的恋人，鲁迅的爱情是理智的，"既没有死呀活呀的热情，也没有花呀月呀的佳句"[27]，却又是充满欣喜和温情的。几乎是从登上上海开往厦门的新宁轮开始，鲁迅就开始了爱的思念。这种思念让鲁迅"未及一月，却如过了一年"，盼着"年月过得快到民国十七年"（鲁迅与许广平约定重新见面的时间）。[28]鲁迅说自己是一向懒于写信的，但在厦门的130多天时间里，他与许广平的来往书信就有83封（《两地书·原信》收录两人一生的书信164封，厦门通信占一半以上）。在信中，他们不厌其烦地询问对方是否收到自己的信件，推算着邮件行走日程，猜测邮件迟到的原因；相互操心着饭菜合不合口，居住适不适应，工作累不累，身体是胖了还是瘦了。在鲁迅这里，他担心许广平"食少事烦的生活，怎么持久"[29]；在许广平心里，她害怕鲁迅有闷气会闷在心里，让鲁迅有闷气向她发。正是在如此细微的体贴和浓浓的爱的情意中，鲁迅深深体验到了"有充实我的心者在"[30]的温暖与幸福。乃至连生活习惯都有了改变。不再喝酒，打消到海中游泳的兴致，不再半夜出去寄信，不发牢骚，因为喝酒、游泳、半夜寄信和发牢骚都会让许广平不安。

"现在就只有我一人。但我却可以静观默念HM，所以精神上并不感到寂寞。"[31]

"至于有一个人，我自然是足以自慰的，且因此增加我许多勇气，但我有时总还虑他为我而牺牲。并且也不能'推及一二以至无穷'，有这样

---

[27]《鲁迅全集》第11卷，第5页。
[28]《鲁迅全集》第11卷，第134页。
[29]《鲁迅全集》第11卷，第173页。
[30]鲁迅、景宋：《两地书·原信》，第247页。
[31]鲁迅、景宋：《两地书·原信》，第159页。

多的么？我倒不要这样多，有一个就好。"[32]

"这默念之度常有加增的倾向，不知其故何也，似乎终于也还是那个人胜利了。"[33]

"背心（许广平为鲁迅织的毛背心）我现穿在小衫外，较之穿在夹袄之外暖得多，或者也许还有别种原因。"[34]

厦门时期的鲁迅，就这样"与爱偕行"着。虽然周围的世界让鲁迅深感无聊，但迟到的爱情在这位已经45岁的思想者心灵扎根后，他不仅"足以自慰"，而且也"埋葬"了他一向孤独悲观的情绪，增加了生活的许多勇气。由此，他在厦门写下了许多与"鲁迅风"不同风格的文字，表现出对人更细微、更日常的体贴和关爱，情感世界的温暖和生命状态的活泼常常溢于言表，以至于许广平时常兴奋地嗔怪他"傻气""孩子气"。编《两地书》时，鲁迅特别做了一个声明，他说："我现在是左翼作家联盟中之一人，看近来书籍的广告，大有凡作家一旦向左，则旧作也即飞升，连他孩子时代的啼哭也合于革命文学之概，不过我们这书是不然的，其中并无革命气息。"[35] 很明显，鲁迅担心的是人们将他生命的一切和他的所有文字都看成是"革命"的，他不愿人们用"革命"的眼光去理解他那段特别的人生。在较为平静的教授生涯和热烈的恋爱中，厦门时期的鲁迅显示了其生命中柔软的一面，这是与"横眉冷对"不同的人间鲁迅不可或缺的生命组成部分。

二

在厦门，鲁迅生命中与温暖相互厮守的是"无聊"。"无聊"是《两地书》中出现频率最高的词，仅在厦门致许广平的信中就出现10多次，它是鲁迅对厦门时期自己精神状态的一种写照。事实上，早在东京创办《新生》失败后，尤其是辛亥革命失败后的几年里，鲁迅就已"感到未尝经验

---

[32]鲁迅、景宋：《两地书·原信》，第208页。
[33]鲁迅、景宋：《两地书·原信》，第259页。
[34]鲁迅、景宋：《两地书·原信》，第273页。
[35]《鲁迅全集》第11卷，第5页。

的无聊"[36]；在其生命的最后阶段，也因受着"名人之累"，"玩着带了锁链的跳舞"，强烈地感到"无聊"。[37] "无聊"是鲁迅对于这世界、人生和自我生命的一种独特体验，只是厦门时期的"无聊"，带着鲁迅在特定时空里的特别感受。

初到厦门时，鲁迅对"换一个地方生活"的感觉还是比较愉快的。他对厦门大学最初的印象是"背山面海，风景佳绝"[38]，住处"眺望风景，极其合宜"[39]。自己也度过了几天难得的轻松闲适的日子，"拾贝壳""海滨闲步"，与同人"游南普陀"，[40] 但很快鲁迅就感到"无聊之至"了。[41]

鲁迅的"无聊"首先来自对"换一个地方生活"的失望。鲁迅的南下虽说不抱有很大的热情或希望，但那时他对轰轰烈烈的南方革命还是很期待的，总以为南方不会像北平那般污浊。看到北伐顺利的消息，他心情兴奋，"极快人意"；授课原本也可以用旧存的讲义，"讲讲就很够了"，但他"还想认真一总，编成一本较好的文学史"。[42] 对于鲁迅来说，他的南下除爱情的因素外，其初衷是一种"逃离"。逃离北洋军阀统治下的黑暗和正人君子困扰的污浊，也逃离自己在包围中仍要"挤在戏台前面，想不看而退出"[43] 也很难的困境，找一块安静的地方做一点实在的事。但不久鲁迅就意识到自己是"妄想"，意识到"大沟不干净，小沟就干净么"的事实。[44] 对此他在《两地书》中3次用了"出我意表之外"这样的表达。第一次是许广平告诉他广东的中学生思想顽固，为三教旧派所左右时，他回信说："真出我的'意表之外'，北京似乎还不至此。"[45] 第二次是针对广东学界，读到许广平谈论身边教员的情形后，他又写道"我先

---

[36]《鲁迅论创作》，第5页。
[37]《鲁迅书信集》（上卷），人民文学出版社1976年版，第1004页。
[38]《鲁迅全集》第11卷，第105页。
[39]《鲁迅全集》第11卷，第113页。
[40]《鲁迅日记》（上卷），人民文学出版社1976年版，第523页。
[41]《鲁迅全集》第11卷，第115页。
[42]《鲁迅全集》第11卷，第117页。
[43]《鲁迅全集》第11卷，第199页。
[44]《鲁迅全集》第11卷，第169页。
[45]《鲁迅全集》第11卷，第134页。

前闻粤中学生情形，颇出乎‘意表之外’，今闻教员情形，又‘出乎意表之外’”，并检讨自己先前对广东学界的估计“似乎也只是一种幻想”。㊻第三次是孙伏园回到厦门后告诉鲁迅广州的情况，鲁迅再次说了“真很出我意外”㊼。显然，现实与鲁迅在北京时对革命的南方的想象与期待差异太大了。

至于他工作、生活的厦门大学，“校长是尊孔的”㊽，这位尊孔的林文庆校长一面坚持自己崇尚儒家立场，一面又尊奉鲁迅为“新文化运动的首领”，亲自主持了鲁迅“少谈中国书，做好事之徒”的演讲，而且希望鲁迅多演讲。鲁迅说自己一演讲，“则与当局者的意见一定相反，真是无聊”㊾。学校的气氛则是“死气沉沉，也不能改革”㊿。教员恳亲会，男女分房而坐；学生“整天的读《古文观止》”(51)，“也太沉静”；校方“用钱并不少”，“而有许多悭吝举动，却令人难耐”；(52)生活的散漫，“真是闻所未闻”(53)。最使鲁迅感到“无聊之至”的，还是“周围多是语言无味的人物”(54)，有“惟校长之喜怒是伺”的“妾妇”，(55)“有希望得到爱，以九元一盒的糖果恭送女教员的老外国教授，有和著名美人结婚，三月复离的青年教授，有以异性为玩艺儿，每年一定和一个人往来，先引之而终拒之的密斯先生；有打听糖果所在，群往吃之的无耻之徒”(56)；理科与文科不和，闽南人与闽北人“不洽”，在鲁迅看来，“这学校，就犹如一部《三国演义》，你枪我剑，好看煞人。北京的学界在都市中挤轧，这里是在小岛上挤轧，地点虽异，挤轧则同”(57)。身临如此环境，鲁迅作为一位最清醒的新文化主将，一位有着深刻的“立人”思想和学院背景的

㊻《鲁迅全集》第11卷，第148页。
㊼《鲁迅全集》第11卷，第196页。
㊽《鲁迅全集》第11卷，第141页。
㊾《鲁迅全集》第11卷，第240页。
㊿《鲁迅全集》第11卷，第311页。
(51)《鲁迅全集》第11卷，第234页。
(52)《鲁迅全集》第11卷，第127页。
(53)《鲁迅全集》第11卷，第135页。
(54)《鲁迅全集》第11卷，第152页。
(55)《鲁迅全集》第11卷，第169页。
(56)《鲁迅全集》第11卷，第170页。
(57)《鲁迅全集》第11卷，第168页。

启蒙者，一位具备独立精神和人格的知识分子，在没有正面交锋的条件而自己也不想"站在戏台前"的情况下，其"无聊"之感的日趋浓重是很自然的事。

鲁迅所说的"语言无味"的"浅薄者"，还具体指顾颉刚及与顾关系密切的陈万里、潘家洵、黄坚等人。鲁迅说："在国学院里，顾颉刚是胡适之的信徒，另外还有两三个，好像都是顾荐的，和他大同小异，而更浅薄。""他们面目倒漂亮的，而语言无味，夜间还要玩留声机，什么梅兰芳之类。"⑱顾颉刚是胡适的学生，"自称只佩服胡适、陈源（陈西滢）两个人"⑲，与鲁迅既是北京大学同事，又一起被聘到厦大，任史学教授和国文系讲师。在北京女师大风潮中，《语丝》与《现代评论》处于尖锐的对峙状态，鲁迅与陈西滢作为双方的代表人物，展开了针锋相对的论战。作为陈西滢的佩服者，顾颉刚是站在《现代评论》一方的，他对鲁迅"甚生恶感"，认为鲁迅"对人挑剔诟诼，不啻村妇之骂也"。⑳而这期间出现的鲁迅"抄袭"公案，更无法使鲁迅对"陈西滢之流"宽容。1925年1月21日，陈西滢在《现代评论》第2卷第50期上发表《剽窃与抄袭》"闲话"，含沙射影鲁迅"剽窃"，称自己"不敢再开罪'思想界的权威'"。因文中没点鲁迅的名，鲁迅也就不予回应。1926年1月30日，陈西滢又在《晨报副刊》发表《致志摩》一文，明确说出鲁迅的"《中国小说史略》却就是根据日本人盐谷温的《支那文学概论讲话》里面的'小说'一部分"，是"拿人家的著述做你自己的蓝本"。鲁迅便在1926年2月8日的《语丝》周刊第65期上发表了《不是信》，对包括"剽窃"在内的一些"现代评论"的"流言"做出详细辩驳。这个所谓的鲁迅"抄袭"公案，后来是由胡适出面来"洗刷明白"的。1936年，胡适在致苏雪林的一封公开发表的信中写道："鲁迅自有他的长处，如他早年文学作品，如他的小说史研究，皆是上等工作。……说鲁迅抄袭盐谷温，真是万分的冤

⑱《鲁迅全集》第11卷，第119页。
⑲《鲁迅全集》第11卷，第126页。
⑳《顾颉刚日记选刊》，《中国文化》第14期。

枉，盐谷温一案，我们应该为鲁迅洗刷明白。"⑥ 胡适在这封信中还说当年陈西滢是"误信一个小人之言"，才说出"抄袭"的话，"使鲁迅终身不忘此仇恨"。实际上，"抄袭"公案事发时鲁迅就认为陈西滢是不会知道盐谷温书的底细的，"抄袭"一说"不过是听来的'耳食之言'"。⑥ 那么，给陈西滢"耳食之言"的人是谁？与陈西滢亲近的顾颉刚很可能是鲁迅怀疑的对象。至1997年，顾颉刚的女儿顾潮的回忆录《历劫终教志不灰——我的父亲顾颉刚》出版，"抄袭"公案首播者又有了另一种披露。书中根据顾颉刚的日记，说明顾颉刚也持鲁迅《小说史》有"抄袭之嫌"的观点，"并与陈源谈及，1926年初陈氏便在报刊将此事公布出去"，并说"为这一件事，鲁迅自然与父亲亦结了怨"。⑥ 这样的宿怨也就从北大带到了厦大。虽然在厦大时两人同室办公、同桌进餐，"不曾当面破过脸"，但暗地里却相互怨辞甚烈。鲁迅在致许广平信中反复写道："看厦大的国学院，越看越不行了。顾颉刚是自称只佩服胡适陈源两个人的，而潘家洵陈万里黄坚三人，似皆他所荐引。"⑥ "他所安排的羽翼，竟有七人之多，先前所谓不问外事，专一看书的舆论，乃是全部为其所骗。他已在开始排斥我，说我是'名士派'，可笑。"⑥ 鲁迅并且表示"我是不与此辈共事的，否则，何必到厦大"⑥。既"不与此辈共事"，又得同室办公同系科教学研究，"无聊"自然深切。尤其是在潘家洵向鲁迅说有人"排斥"他以及顾颉刚表示不同意聘用章廷谦的事发生后，鲁迅的这种"无聊"更增添了愤激的因素。

面对厦大无生气的环境与处于"面笑心不笑""语言无味"的人群中，鲁迅"无聊"的主导方面是对周围无意义的厌恶，他没有发出攻击。但在高长虹事件的发生过程中，鲁迅的"无聊"便开始转化为对"无聊"乃至"无耻"的愤懑与还击。鲁迅与高长虹相识于1924年年底，那时鲁迅

⑥《胡适书信集》（中册），北京大学出版社1996年版，第710页。
⑥鲁迅：《不是信》，《语丝》第65期，1926年2月。
⑥顾潮：《历劫终教志不灰——我的父亲顾颉刚》，华东师范大学出版社1997年版，第103页。
⑥《鲁迅全集》第11卷，第126页。
⑥《鲁迅全集》第11卷，第135页。
⑥《鲁迅全集》第11卷，第126页。

认为这个创办《狂飙》的青年人是个"不问成败而要战斗的人"⑥，他全身心地支持高长虹，甚至咯着血还在为他校稿。1925年，鲁迅创办《莽原》周刊，狂飙社和未名社成为《莽原》的主力，开展社会批评与文明批评。鲁迅到厦门后，《莽原》由韦素园主持编务，内部矛盾由此爆发。韦素园退了狂飙社高歌的小说，又压下了向培良的剧本，高长虹便为此发难，于1926年10月在上海的《狂飙》上发表致韦素园和鲁迅的两则《通讯》，不怀好意地提出听一听鲁迅对此的意见。鲁迅认为"这真是吃得闲空"，他意识到几年来为这种无聊的"闹架""生命耗去不少"，决定"不愿意奉陪"，⑥甚至还想将《莽原》停掉，以结束一些人无聊的"争夺"。不料鲁迅在厦门的沉默反而激起了上海高长虹更激烈的反应，他一面在11月7日的《狂飙》第5期上发表《1925年北京出版界形势指掌图》，说鲁迅戴着"思想界的权威者之假冠，而入于身心交病之状态"，一面在《新女性》登了"与思想先驱者鲁迅合办《莽原》"的广告。鲁迅见他"竟得步进步，骂个不停"，便决定"不再彷徨，拳来拳对"，在《莽原》《语丝》《北新》《新女性》上发表了《所谓"思想先驱者"鲁迅启事》，把高长虹的"利用"与"笑骂""揭露出来"。⑥11月21日，《狂飙》周刊第7期上刊出高长虹的爱情诗《给——》，诗发表后有人将这首诗杜撰为鲁迅、高长虹、许广平之间的"爱情纠葛"，说"月"是指许广平，"太阳"是高长虹自比，"夜"是指鲁迅。韦素园将此事写信告知了鲁迅。而此时高长虹又在12月12日的《狂飙》第10期上发表了《时代的命运》等3篇文章，放言自己对鲁迅"不只是思想上，而且是生活上""献过最大的让步"。高长虹学着陈西滢的腔调嘲讽鲁迅为"思想界之权威"，这已经让鲁迅无法容忍，之后又以一首诗引出近乎人身和人格攻击的"月亮风波"，这使得鲁迅不能不高度重视，"从此倒要细心研究他究竟是怎样的梦，或者简直要动手撕碎它，给他更其痛哭流涕"⑦。鲁迅的

---

⑥鲁迅、景宋：《两地书·原信》，第20页。
⑥《鲁迅全集》第11卷，第170页。
⑥《鲁迅全集》第11卷，第212页。
⑦《鲁迅全集》第11卷，第520页。

小说《奔月》也就在这种情况下写成。

从"吃得闲空"的"压稿事件"到《给——》引出的"月亮风波"，鲁迅的内心世界经历了一次从无聊到悲愤的痛心过程。他沉痛地发现自己在北京时的"拼命"，"结出来的，都是苦果子"，知道了把生命"牺牲给一部分人，是不够的，总非将你磨消完结，不肯放手"；[71] 感到了有些青年对于自己是"见可利用则尽情利用，倘觉不能利用了，便想一棒打杀"[72]；"发现称为'同道'的暗中将我作为傀儡或背后枪击我，都比被敌人所伤更其悲哀"[73]。

面对着这么一个"无聊"的环境与"无聊"的人和事，鲁迅生命中的"无聊"，实际上是很沉重的。对于鲁迅生命沉重的"无聊"，许广平曾有个直观感性的分析，她在1926年11月16日写给鲁迅的信中说："想起你的弊病，是对有些人过于深恶痛绝，简直不愿同在一地呼吸，而对有些人又期望太殷，不惜赴汤蹈火，一旦人家不以此种殊遇而淡漠处之，或以待寻常人者对你，则你感觉天鹅绒了。这原因是由于你感觉太敏锐，太热情。其实世界上你所深恶痛绝的和期望太殷的，走到十字街头，还不是一样吗？而你把十字街头的牛鬼蛇神硬搬到'象牙塔''艺术之宫'，这不能不是小说家取材失策。"[74] 这段话在鲁迅编《两地书》时只保留了前面的三分之一，但许广平说的却是大实话，是对人间鲁迅的近距离感受。然而作为一位独立的思想者，一个对"立人"和社会、文明有着自己思考和想象的知识分子，鲁迅即使是在重新思考自己生命之旅的厦门时期，也无法对"十字街头"的平庸与浑噩视而不见，无法排除自己的疑虑与悲哀。

三

"一面是埋葬，一面也是留恋"这句话，一向成为研究厦门时期的鲁迅的一个切入口。但长期以来许多研究者都将"埋葬"进化论作为这句话

---

[71] 鲁迅、景宋：《两地书·原信》，第73页。
[72] 《鲁迅全集》第11卷，第240页。
[73] 鲁迅、景宋：《两地书·原信》，第181页。
[74] 鲁迅、景宋：《两地书·原信》，第244页。

的核心，这未免过于简单。就在编《坟》这本杂文集时，鲁迅很明白地告诉我们，生命的路，"自己还不明白怎么走"，只是"很确切地知道一个终点，就是：坟"。"问题是在从此到那的道路。那当然不只一条，我可正不知那一条好，虽然至今有时也还在寻求"。[75]"寻路"，这是鲁迅在厦门时的生命指向，埋葬与留恋纠缠，温暖与无聊厮守，是寻路中的鲁迅的精神特征，是鲁迅"对于此后方针，实在很有些徘徊不决"[76]的真实人生。

　　鲁迅的南下厦门，自然有爱情的驱使、政治和经济的原因，但离开北京，摆脱诸多无奈的困境而换一个地方换一种生活的想法，则是鲁迅南下的根本所在。在经历了"无物之阵"的孤独、彷徨与悲哀之后，鲁迅实际上对于新文化的启蒙运动，对于自己与他人的反抗，并不抱有什么希望。他对许广平说"必须麻木到不想'将来'也不知'现在'，这才和中国的时代环境相合"，而"满纸是'将来'和'准备'的指教，其实不过是空言"。[77]他说："我的反抗，却不过是与黑暗捣乱。……有时确为别人，有时确为自己玩玩，有时则竟因为希望生命从速消磨。"[78]这种"绝望的反抗"还时常是在"不得不尔"的情形中进行的。"身在北京，不得不尔，譬如挤在戏台面前，想不看而退出，也是不很容易的。……因此而不能'以自己定夺'的事，也就往往有之。"[79]但对这位"既没有什么主义要宣传，也不想发起一种什么运动"[80]的独立的思想者来说，是无法总是"依了组织者的希望"的。他在厦门写作《〈阿Q正传〉的成因》时，道出"孺子牛"的内心独白："张家要我耕一弓地，可以的；李家要我换一转磨，也可以的；……但倘若用得我太苦，是不行的，我还要自己觅草吃，要喘气的工夫；要专指我为某家的牛，将我关在他的牛牢内，也不行的，我有时也许还要给别家挨几转磨。如果要连肉都要出卖，那自然更不行，理由自明，无须细说。"为此，"还是我跑我的，我躺我的，决不出

---

[75]《鲁迅论创作》，第55页。
[76]《鲁迅全集》第11卷，第184页。
[77]《鲁迅全集》第11卷，第25—26页。
[78]《鲁迅全集》第11卷，第79页。
[79]《鲁迅全集》第11卷，第178—179页。
[80]《鲁迅论创作》，第53页。

来再上当"。⑧¹ 这样，他就应聘来到了厦大，选择了当教授，用他自己的话说，是"想在此关门读书一两年"⑧²。

这时期，鲁迅给自己摆出三条道路。

（一）死了心，积几文钱，将来什么事都不做，苦苦过活；（二）再不顾自己，为人们做一点事，将来饿肚也不妨，也一任别人唾骂；（三）再做一些事，被利用当然有时仍不免，倘同人排斥我了，为生存起见，我便不论什么事都敢做，但不愿失了我的朋友。⑧³

这三条路虽说包含了鲁迅对爱情的选择和态度，但更是鲁迅到厦门后思考的人生指向。在更多的时候，他把这三条路具体到两个很难统一的问题上："但我对于此后的方针，实在很有些徘徊不决，那就是：做文章呢，还是教书？因为这两件事是势不两立的。"⑧⁴ "我觉得教书和创作，是不能并立的……所以我此后的路还当选择：研究而教书呢，还是仍作游民而创作？"⑧⁵ 在这徘徊中，鲁迅当时仍是倾向于研究教书的，他想先研究一两年，把文学史之类的讲义编好，教书无须预备了，余暇再从事创作之类。所以当"关门读一两年书"的愿望在厦大成为"妄想"之后，他仍然选择到中山大学继续任教。

鲁迅没有选择继续留在厦大教书，这之中的原因前面已经分析过。对此李长之在1935年也有过一个分析，他说：鲁迅"还有新的梦想，要治两年的学，于是到了厦门，在厦门能耐的话，他可以像林语堂似的，在那儿停一停，然而他不，他终于是鲁迅，他痛恨于'天下何其浅薄者之多'，他苦恼于一班人'语言无味'，他以为'离开了那些无聊人'，'心就安静多了'，所以他就又被广州的情形所诱引，而到了广州"⑧⁶。这里，李长之是从鲁迅性格对环境的选择上提出问题的。鲁迅却也有自己的说法，他在对友人说自己两年读书的想法"已属空想"时说："学校是一个秘密

---

⑧¹《鲁迅论创作》，第14页。
⑧²《鲁迅全集》第11卷，第525页。
⑧³鲁迅、景宋：《两地书·原信》，第196页。
⑧⁴《鲁迅全集》第11卷，第184页。
⑧⁵《鲁迅全集》第11卷，第228页。
⑧⑥李长之：《鲁迅批判》，北京出版社2003年版，第47页。

世界，外面谁也不明白内情。据我所觉得的，中枢是'钱'，绕着这东西的是争夺、骗取、斗宠、献媚、叩头，没有希望的。"[87]鲁迅说的则是一个价值冲突的问题。但说到底，鲁迅毕竟是写过《摩罗诗力说》的鲁迅，那种"立意在反抗，指归在行动"的"精神界之战士"的精神和"掊物质而张灵明"的启蒙思想，已经是他重要的生命组成部分；鲁迅又是一个清醒的现实主义者，他能深刻地意识到自己与社会、与现实、与传统的悲剧性对立，同时也意识到自身与这个社会传统难以割断的联系。"精神界之战士"的底蕴，使鲁迅的生命始终蕴藏着行动的冲动，始终没有放弃从社会批判与自我探求中获得生存的意义。因此，即使在平静的厦门，在"至今终于不明白我一向是在做什么"的"哀愁"中，[88]鲁迅还是要"特地留几片铁甲在身上，站着，给他们的世界上多有一点缺陷"[89]。清醒的现实主义的冷峻，又使他能深刻地看到这世界的"无聊"和无望，感受到自己想"为社会做点事而于自己也无害"的"不能实行"。[90]于是，当离开厦门前往广州前夕，他已经做出了一个与到厦门时不同的决定："为社会方面，则我想除教书外，仍然继续作文艺运动，或其他更好的工作。"[91]

原载于《厦门大学学报》2006年第6期

---

[87]《鲁迅全集》第11卷，第529页。
[88]《鲁迅论创作》，第54页。
[89]《鲁迅论创作》，第55页。
[90]《鲁迅论创作》，第235页。
[91]《鲁迅全集》第11卷，第222页。

第三辑　社会评价

社会活动

▲ 厦门市第九届政协的厦大代表（第一排右起：朱水涌、郑宝东、蔡启瑞、蔡望怀、常勋）

▲ 在厦门市"两会"上（右起：郑宝东、王豪杰、朱水涌、廖益新）

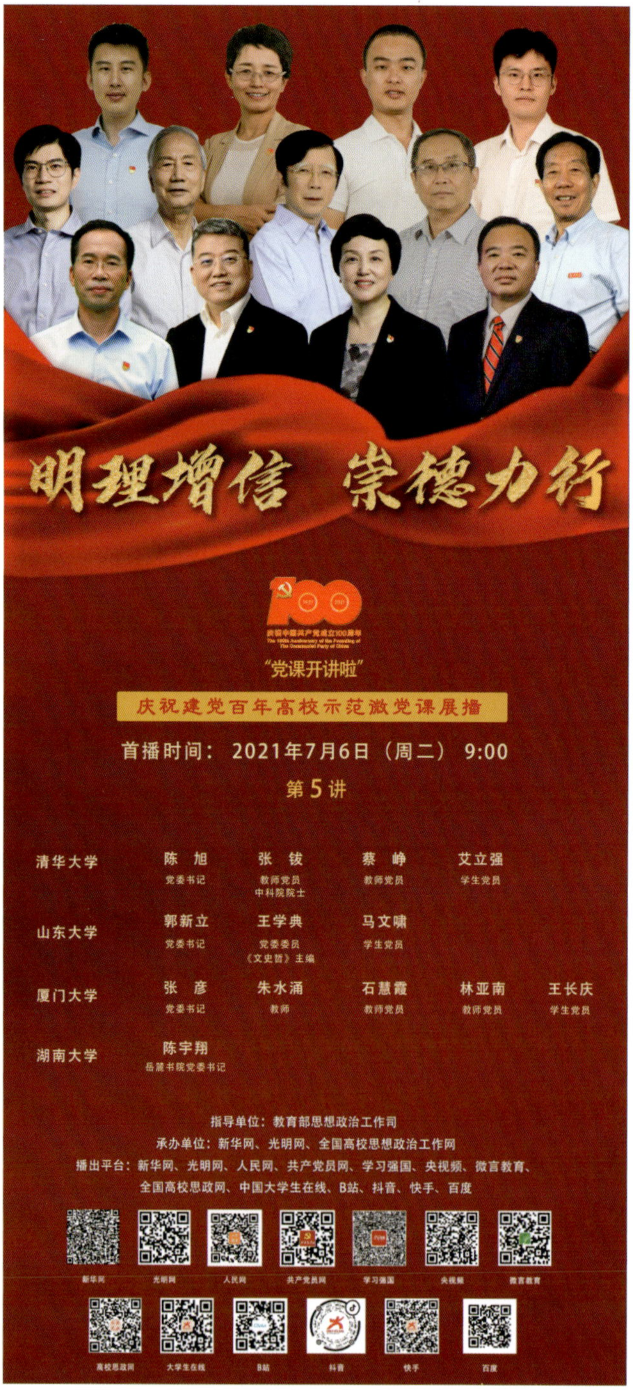

▲ 新华网、光明网等主办的庆祝建党百年高校示范微党课展播广告（二排右一：朱水涌）

文化·文学·文学史

——谈《文化冲突与文学嬗变》

南 帆

▲ 鼓浪高峰论坛广告（上排左一朱水涌）

精彩的历史叙述不仅依赖充足的资料，同时还依赖不凡的见解。文学史亦莫能外。回溯20世纪70年代后期至今的中国文学，资料的汇集并不困难。但是，诸多作品纷然杂陈，人们如何赋予一个可解的秩序？或者说，如何描述这一个阶段的文学史？文学史并非仅仅将一些作品涂上防腐剂，然后按照时序先后陈列于殿堂之上，文学史有必要观察众多作品之间的相互关系，考辨种种承上启下的线索，发现一系列具有聚合功能的轴心，从而使一个阶段的文学在特定的眼光之下组织成为一个生气勃勃的整体。这种文学史不仅是作品的编年史，还同时喻示了众多作品怎样成为一个庞大结构的组成部分。

　　抛开了作品编年史所依据的时序，文学史必须重新认定一套路标。如何确立文学史描述的参照体系，并且提出相应的鉴定尺度，这体现了理论家的不同立场。那么，朱水涌先生的兴趣何在？这时，人们眼前出现了一本《文化冲突与文学嬗变》，朱水涌先生在海滨的一所大学里执教文学，这本著作无疑是他的多年心得。尽管这本著作的书名似乎略为冗长了一些，但是人们可以清晰地看出朱水涌先生的意图，他将这个阶段的文学纳入一个庞大的文化氛围予以考察。在他看来，这个阶段的文学从属于一个更大的文化背景，种种重大的文化冲突无不投映到了文学之中，引致一系列曲折的呼应。当然，这种呼应不是仅仅体现为文学事件，文学的发言将再度返回文化冲突的核心，成为文化冲突之中一种特定的声音。用朱水涌的话说，这个过程唤作"文学参与文化的排演"——"排演"是朱水涌所喜爱的词汇之一，这似乎暗示了文化舞台上众多成员之间复杂的互动。描述这个过程当然可能遇到一系列难题，但是，这种描述首先表明了朱水涌的宏观视野。

　　《文化冲突与文学嬗变》开宗明义地概括了当今世界文化的三大冲突：文化本身发展中的全球综合性趋势和地方寻根意识的冲突；现代科技、物质文明与人的生存困境的冲突；发展经济中经济与文化、发展文化中文化价值规律与商品价值规律的冲突。这显然是高屋建瓴之论，全球景象尽收眼底。朱水涌旁征博引，要言不烦地提示了这个庞大文化空间的几个基本特征。

　　给定了这样的文化背景之后，朱水涌开始收缩自己的眼光，慢慢地将这本著作的聚焦点调整到亚洲区域，专注投入那一块状如雄鸡的版图，考察中国文学如何在这个文化背景下上演自己的剧目。

　　诚然，从世界文化的基本特征到某一个国度的文学现状，这个过程并不是一个简单的放大或者缩小。相反，这个过程可能修改某种比例，扩大了某些方面，同时又削弱了另一些方面。朱水涌如此解释这个问题："一个民族有一个民族的现状和历史，一个国家有一个国家的制度和国情，当文化三大冲突进入具体的国家和不同的民族中，其表现程度并不能等量齐观，其表现形态也会千变万化，共时性的国际文化冲突，在不同的地域和文化环境中，产生的将是异步的进展和差异性的冲突效果。"这样，朱水涌先生又给自己设置了一个难题：这个时期，中国文学的焦点是什么？

这是一个众说纷纭的争议问题，种种不同的视域、立场和论点汇集到这里来了。杰姆逊认为中国文学属于"第三世界文学"——"第三世界"这个概念从世界阵营的划分延伸到了文学分类；萨义德论证了"东方主义"的特征，"中国"无疑被置于东方之列；还有一些理论家谈到了"后殖民话语"，这同样为解释中国文学提供了另一套坐标。当然，如果略作回顾，人们一定记得，无产阶级和资产阶级、现实主义和颓废主义都曾经被当作中国文学的阐释代码。置身于种种星罗棋布的理论岛屿之间，朱水涌毅然地调准了自己的罗盘。他毫不犹豫地认定，"在新的历史条件下，中国文化冲突的焦点，显然在于传统文化、现代文化和外来文化三者之间相互渗透的多重错综的冲突上。其中传统文化与现代文化的冲突、中国文化与西方文化的撞击表现得尤为激烈。整个新时期文学，几乎都不同程度地从不同侧面参与和反映出这些冲突"。

这样，《文化冲突与文学嬗变》这本著作的主题已经表述得十分明晰。一盏聚光灯照亮了全书，诸多作品开始按照这个主题分签归架，归类入档。"寻根"也好，"知青文学"也好，"女性文学"也好，"改革题材"也好，"国民性探讨"也好，"知识分子心理"也好——诸如此类的问题都在这个主题框架里面分配就绪。定位之后，一轮一轮的阐释沿着既定的线索展开了。显然，朱水涌已经意识到，20世纪70年代后期的"伤痕文学"并不成熟，这时的文学主要是愤懑和悲伤。这是中国文学卷入世界文化之前的一个短暂过渡。在朱水涌看来，20世纪80年代中后期，上述的文学冲突才在中国文学之中得到充分的表现。世界文化与中国文学之间终于衔接起来了。当然，这一切都可能引致争辩——某些作品的解读可能引致争辩，某些命名、概念可能引致争辩，甚至这本著作的主题也可能引致争辩。但是，难以否认的是，这本著作涉及一批重要问题，文学可能为提出问题制造了契机，但这些问题的范围将远远超出文学。在这个意义上，我宁可朱水涌的表述更为犀利一些，甚至不惜用密集的理论语言维持主题的高度。某些时候，过多的作品介绍似乎淹没了理论提炼。也许，抛弃一些辐重可能使论述的步伐更为轻捷一些？

我猜想，人们迟早会在这方面提出疑问：文学毕竟是文学，文学如何在文化冲突之中保持自己的特征？因此，我想特地指出如下几个章节："历史悲剧中的英雄与英雄的悲剧历史""伦理道德的变更与文学的忧思""重义轻利的困境""第一次的人格显示和'最后一个'的心理防御""探讨国民性主题的承续""知青丰碑中的文化结构"等。人们可以发现，这些章节之中隐含了某种特殊的文学情怀：尊重自由，珍惜情义，肯定善良，将个性与人格置于金钱之前，对于落伍的小人物怀有悲悯之情，持续地批判形形色色隐而不彰的精神痼疾，这一切无不显示出文学的特殊位置。不言而喻，文学也就是站在这个位置上发言，顽强表述自己对于种种文化冲突的立场。这些章节的设立表明了一句名言在朱水涌心目中的分量："艺术地把握世界"。当然，在这个意义上，我同样可以提到一个小小的遗憾：这本著作对于至关重要的文学语言谈论得很少。20世纪文学批评之中的"语言学转向"似乎未曾在这里产生应有的反响。尽管这本著作的最后一章集中论述了叙事话语，但是叙事话语对于文化冲突的重要意义尚未占据足够的篇幅。

亨廷顿近时的一个观点再度引致不小的震动。在他看来未来世界的冲突将转移至文化层面。不同的文化圈可能划分出这种冲突的营垒。不论这种预测可靠与否，人们都该意识到：文化的功能正在引起广泛的重视。通过文学史考察文学在文化冲突之中所扮演的角色，可能带来一些不同寻常的发现。虽然朱水涌先生不是第一个这么做的，但是《文化冲突与文学嬗变》这本著作的眼光与气魄仍然令人称道。

原载于《当代作家评论》1997年第1期、《出版广场》1994年第5期

历史的沉思与美的评说

——我的导师与他的近作

张小燕

▲《厦门日报》长篇报道朱水涌与作家北村的文学对话

　　研究生毕业了，导师朱水涌教授召见，还是诚惶诚恐地去了。临走的时候，老师拖拖沓沓地走进书房，拿出两部书来，说，送给你。接过来，是《世纪之交的中国文学》与《中国文学：世纪初与世纪末》，都是2000年刚出版的专著。翻开扉页，隽秀的钢笔字跃入眼底："小燕同学存阅，水涌"。这个瞬间，我有些感动，仿佛普鲁斯特之于小玛德兰点心；时光跳回到1998年的夏天。

　　那时，我刚考上厦大，拘谨地坐在老师家里，诉说着考研的不易，有几分欣喜，有几分疲惫，还有几分淡淡的忧伤。老师静静地听着，师母也在旁边。然后老师开口了，说起那个特殊的年代和他的青春。他说他29岁才考上大学，学中文是为了圆一个梦，文学梦，梦里徘徊着中国现代史上一个沉痛的灵魂，那就是鲁迅。就是那个"幽灵"，引他走入20世纪中国文学的隧道，去触摸百年文学那曲曲折折的旅程，思考着文学与人生、历史与美。我静静地听着，忘了关于个人的小小的悲欢。我想我听懂了朱老师。临走的时候，朱老师同样是趿着拖鞋，走入里间，几分钟后拿出本书来说，送给你。书虽不同，扉页之上，写的就是那行字。

　　老师当时送我的是他的《文化冲突与文学嬗变》，他有所不知，那本书我早已读过多遍。考研三年，就是那本书，为我，当年那个爱读小说的女孩，打开了一扇窗，让我看到了参不透的文学深处，放弃了原来的求学和居住的城市，来到了厦门，居然真的坐在这本书的作者面前，听他对于历史与美的评说，这一听就听了三年。

　　《文化冲突与文学嬗变》是老师对当代文学所做的一段思索，集中在20世纪80年代的文学，而且论析的主要是小说。手上的两本书，却是老师从文学现象、文学思潮和文化变迁入手，在宏观把握与个案分析的结合中对20世纪中国文学的梳理与剖析。《世纪之交的中国文学》是对纷纭复杂的20世纪90年代文学的文化把握，这是老师所主持的一项国家社科规划项目的最终成果；《中国文学：世纪初与世纪末》则是截取"五四"文学与20世纪80、90年代文学，在比较与联系中，探寻百年中国文学的发展规律。

百年中国文学的流变、中国百年文学的不解纠葛，这里交织着鲁迅那个沉痛的灵魂和老师敬仰的目光；世纪初的挣扎与希望，世纪末的绝望与信心，这里有受到19世纪俄罗斯文学巨匠影响的深情与虔诚，也流露出接受西方马克思主义者忧虑和深思的影响。国家与民族、文学与现实、历史与人生、诗歌与小说、爱与美、生与死，我的老师用他那性情中人与学者的眼光与笔触，表达着百年中国文学的历史与今天，这倾注了他多少心血啊。

翻着这两部学术专著，看着那些熟悉的章节，想起了老师的那些热烈的专业讨论课。老师总用他那略带同安口音的普通话，引导我们读陈忠实、刘震云，思考历史的建构，他带我们讨论《长恨歌》，讨论《废都》与《尘埃落定》，评说现代、后现代与知识分子，甚至说《曾国藩》《雍正王朝》，说《万历十五年》。当时的热烈，现在都落成了文字，一章一节地躺在这本书里。

沉思历史、评说美学，老师其实是个激情的演说家。听他讲《红高粱》，看着他又开五指，啪啦一声，念道："我奶奶压抑了十六年的青春顿时炸裂。"心里会为之一震；听他说《边城》，看他微凝着双眼，仿佛看到了人生的远景：这个人也许永远不回来，也许明天回来；他说鲁迅，评析《野草》，更是低沉着嗓音，追寻的是一个伟大灵魂的思想奔突，动人情意。老师沉思与浪漫的个性也早已交织在他的学术文字里。

老师现在送我的，是他的第四本、第五本专著。老师说他50岁了，"五十而知天命"，却不知自己是否达到了洞悉社会、历史、人生的境界。对此，我不知怎么说好。从师三年想着历史与现实、生命与审美，想着参不透的那扇文学之门，我想我应该感谢老师，感谢他的书和他的话，我总算有了一种看世界的眼光，一种思维的向度。翻开老师的书，想起了做着小黄花梦的那些日子，然后沉沉睡去。

原载于《厦门晚报》2000年12月24日

落英缤纷后的收获

——朱水涌的《世纪之交的中国文学》

段金柱

身处新世纪，回首刚刚过去的20世纪90年代文学，一切犹如天空的流云，异彩纷呈。伴随着向市场经济体制的演进，90年代的精神文化层面也呈现出前所未有的丰富形态，而文学更是有着其独特的表现。面对过去10年的文学，从理论上进行把握而且是如此近距离地把握确实是一个挑战。朱水涌教授的新作《世纪之交的中国文学》正是应对这种挑战，在落英缤纷过后收获的力作。

《世纪之交的中国文学》以文化批评的整体把握方式，在宏观纵深结构揭示与微观文本剖析结合中论述90年代文学，而论述时始终不离时代的文化背景。著者从20世纪末世界文化新格局和世纪之交中国政治、经济、社会文化语境出发，在社会发展的内在外在方面寻找形成90年代文学多元格局和发展态势的缘由。譬如对"跨世纪"与"世纪末"两种迥异文化心态进行了深入阐析，对大众传媒运作、文化市场机制等对文学的渗透，论者也给予了较多的关注。这些都是著作的与众不同之处。

面对90年代文学创作流变的千头万绪，从哪些方面进行有价值的梳理是一个无法回避的问题。论者选取了历史反顾、家庭叙事、社会现实关注、精神家园探寻、后现代性写作等几个方面对文学变化脉络进行把握，这对于潮流淡化的90年代文学来说可谓切中肯綮。在多元的文学图景中，如此突出主线把握也显示了论者极强的宏观结构能力。不仅如此，选取《白鹿原》《长恨歌》《九月寓言》《心灵史》作为年代文学的代表文本，也见出论者审视90年代多变文学现象的独到之处。

在宏观建构和微观透析时，论者还将自己的价值取向和精神探求贯穿于论述之中。如论述所谓的"现实主义冲击波"的作品，在充分肯定其对社会极大的参与价值时，论者也指出其不足——"失却了现实主义最重要的精神和批判特性"。纵观全书，论者将很大篇幅放在那些精神、思想探寻性作品的论述上，并设专章探讨创作的流变和作家的精神取向。这反映了论者的人生和文学理念以及其对文学发展的某种期望。

任何解析都逃离不了历史形成的前结构，这本专著虽然论述的是90年代文学，但论者始终将"五四"文学、80年代文学等作为参照，进行比较阐析。这样的论述突破了断代文学史总结的局限，而获得了一种深广连贯的文学史意识。这也为更全面地认识和研究20世纪中国文学提供了新的维度。如将90年代的《白鹿原》与50年代的《红旗谱》进行纵深比较，就显示出文学发展某些内在的联系和差异，这也是论著的特别之处。

20世纪90年代不仅文学创作上众声喧哗，文学批评也是不断地变换面孔和声音，本书论者没有进行流行名词和术语的轰炸，而是以深远的宏观把握和精到的微观分析，对90年代文学进行了理论形态上的总结。作为"九五"国家社科项目的成果，这本专著的完成，标志着对世纪之交文学一次有益的学术探索。

原载于《福建日报·武夷山下》2001年6月5日

寻找诗境：文学评论家朱水涌素描
——朱水涌的《世纪之交的中国文学》

樊　娟

▲《寻找诗境》原载

　　约朱水涌老师采访不是一件容易的事。他24万字的新书《文学的世纪追索》正进入出版校对阶段，与此同时，厦门市庆祝国庆50周年大型广场晚会的文案策划工作也摆在朱老师的桌头。

　　这就是朱水涌，一个苦心耕耘学术园地的同时，也不忘以知识分子的热情拥抱社会的学人。

执着的学人

　　朱水涌是道地的闽南人。他出生在同安，在高考制度恢复后的第一年1977年，也就是他29岁的时候，考上了厦门大学中文系，毕业后留校执教，如今是厦大中文系的副主任、教授，硕士研究生导师，中国作协会员。

　　朱水涌是我的大学班主任，其实，知道这个名字更在我入学之前。早在20世纪80年代，朱水涌就和盛子潮一道，以其对当代文学犀利的剖析，成为当时青年文学评论家中引人注目的代表。

　　对于文学艺术，不管是在其风靡一时的20世纪70、80年代，还是在其相对不那么被世人关注的20世纪90年代，朱水涌始终不渝地怀着神圣的感情。他经常对学生讲这么一句话："你们可以不写诗，甚至不读诗，但不可没有诗境。"作为他的学生，我理解中的"诗境"，是一个人最基本的修养之一，也就是说，能不能以一种审美的态度看待人生，无论是痛苦还是欢乐。

　　至于朱水涌自己，他始终是这一观点的执行者。1998年开始，朱水涌主持国家哲学社会科学研究课题《90年代的文学思潮研究》。经过大量细致、缜密的研究工作，如今课题已完成。对于这样的学术工作，朱水涌感到的不是枯燥的劳作，而是一种心灵的探索，虽然艰难，但过程中却充满思辨的愉悦、发现的乐趣。

　　在对当代文学的观察中，朱水涌倾注了全部的热情。谈起当代文学，他总是如数家珍。哪位年轻作家最近出了什么新作品，哪里又有值得注意的新流派萌芽，甚至奥斯卡奖落谁家，代表什么样的思潮走向，他随时随地给予关注。

　　正是这种热情，也使得他站在当代文学评论的前沿阵地，不断发表受人瞩目的观点，近年来他在省级以上学术刊物和文学理论栏目发表学术论文100多篇，代表性论文被收入《中国新时期文学大系·小说理论卷》，出版了《文化冲突与文学嬗变》等多部文学论著，这些成果奠定了他在文学评论界的地位。

时代的记录者

　　朱水涌是一个评论家，但他始终认为，一个真正的评论家不应躲在书斋研究自己的学问，而应以自己的眼睛观照整个社会，用自己的思想提升社会的整体文化品质。

在这种观念之下，朱水涌与厦门市委、市政府、文学界、企业界都保持着密切的联系。1993年，受厦门市委宣传部委托，他主笔撰写大型电视文献纪录片《世纪之春》，纪念邓小平同志视察厦门特区10周年。这个节目在中央电视台和省、市电视台多次播放，引起强烈反响。此片获得福建省1994年度电视专题一等奖，中国电视奖二等奖，中央外宣办"全国海外电视节目评比"二等奖。

此后，朱水涌又先后撰写了《世纪之路》《白鹭诗篇——厦门特区环保报告》《廉政，特区的承诺》等大型电视纪录片、政论片。

在这些反映厦门市两个文明成就的纪录片中，朱水涌倾注了他对家乡建设的热爱和赞美，同时也凝聚了他对社会深层次的思考。

学生的朋友

在文学评论界，朱水涌的思想是趋向前锋的，然而，在学生眼里，他却一直以平等的朋友的面目出现。不管是带研究生还是本科生，朱水涌老师都是以"对话"的姿态开始他的教学。他认为，文学是一种人与人心灵的互动，因此，每个人对一种文学现象，一部文学作品，都有他自己的理解。作为评论者，不应该也没有理由把观点强加于人。对于学生来说，这样的教学，使得他们摆脱文学理论刻板的框架，敢于自由思考，大胆发表自己的见解，从而呈现出富有朝气的创造力。

他自称是一个"崇尚直觉"的人，在学生面前，他从不掩饰自己的喜怒哀乐。他的学生都记得，在朱老师教授的现代文学课上，每讲到朱自清的《背影》，他总是用充满感情的声音在课堂上朗诵全文，每次读到对"父亲"背影的描述，朱老师都忍不住哽咽难语，学生也情不自禁地被感染。他说："这就是文学的力量。一篇好的作品是不需要人的解释的。"

原载于《厦门商报》1999年4月21日

老朱讲座催人思

——闪烁文明之光的"文学经典"讲座现场实录

12月5日上午，一场主题为"三部文学经典与人类文明"的讲座在市文化宫举行，主讲人是厦大中文系朱水涌教授。这场讲座吸引了不少听众，记者昨日上午9时半赶到市文化宫时，不少电梯因人满为患，不断发出超载的警告声。

文学经典与人类文明

"昨天有位朋友给我建议，三部文学经典应该是《水浒传》《红楼梦》《西游记》，因为它们分别象征着现在中国的民营企业、国有企业和外资企业。这从一个侧面说明了文学经典与人类文明有着紧要的联系。"朱水涌教授做了一个幽默的开场白。紧接着他阐述了文学与文明之间的联系："文学就是人学。从人类进入文明开始，人的本质、人的存在、人的未来就是人类自身关注的问题，人类文明发展是伴随人的不断发展、不断思考而发生变化的。举个例子说：美国自16世纪以后奉行的都是'个人主义'的价值观，但现在的美国哲学家则提出了生态价值观，改变了人类中心论。文学家则更进一步，因为他们是感性的，能触摸到时代变动的最初状态，并把它付诸文字。"

纵观世界文学发展史，怎样的三部经典才最能代表与人类文明千丝万缕的联系呢？朱水涌教授选择了最能体现古希腊文明的荷马史诗《伊里亚特》、最能代表中国古典文学艺术的《红楼梦》和中国现代文明的先锋代表——鲁迅的小说，并做了深刻阐释。

古希腊神话强调人的欲望

《伊里亚特》实际上就是前不久风靡全球的好莱坞大片《特洛伊》

老易讲座有「易」趣

——小记《美国宪法的诞生和我们的反思》讲座

老朱讲座催人思

——《闪耀"文明"之光的"文学经典"》讲座现场实录

▲ 朱水涌文学讲座的报道

的原型。故事讲述的是希腊城邦为了争夺一个绝世美女海伦而引发了一场长达10年的战争。朱教授介绍说："在古希腊神话里，女性象征着国家荣誉。这是西方文学体现的价值观。古希腊神话具有世俗的特点，又在世俗的世界里关注人的理性。它按照人的七情六欲想象这个世界，强调人的欲望、本能。这与中国人提倡的不断自我修养以适应外界需要的价值观有很大的不同，西方人的价值观就是'认识你自己'，而他们最高的价值观是身体美与心灵美的结合。可以说，西方文明就是从古希腊文化起步的。"

《红楼梦》涵盖三个世界

《红楼梦》是朱教授推崇的第二部经典。他从俞平伯的"色、空"观念说开来，列举了几十年来"红学"研究者的种种学术观点，并结合自己的阅读体验，总结出《红楼梦》所涵盖的三个世界——太虚幻境、荣宁二府、大观园。朱教授将太虚幻境定位为"命定的世界"，他提到书中的"十二支曲"和"金陵十二钗正副册"，实际上就是12个女子性格、命运的生动写照，而"终场曲"更是对整部书所体现的思想内涵的高度概括。"其实，埋伏在全书的玄机早在第五回的'太虚幻境'中就被一一点破，就像冥冥中有一种无形的力量在掌握着人的命运。"

"荣宁二府的世界是现实的世界，物质的与政治的世界，男人的世界，是一个由盛而衰的世界。"荣宁二府是一个王朝的象征，它体现的正是一直以来读者听到最多的对《红楼梦》的评价——一部中国封建社会的盛衰史。朱教授认为："大观园是女儿的世界，是'太虚幻境'中的女儿国在现实中的体现，充满了青春生命的奔放和人与人之间的温情。它是作家对人情、对人的生存的一个美好向往，属曹雪芹的理想世界。"但这理想世界被现实击垮了。对大观园里"宝钗"和"黛玉"之间的对比和讨论一直是学术界的热门话题。有人说，宝钗是封建思想的代表，黛玉则是反封建思想的典型。朱教授引用并肯定了俞平伯的"钗黛合一"论，指出曹雪芹对理想女性的想法应该是黛玉与宝钗的结合体。

朱教授在点评这部伟大著作时说："整部书的落脚点体现在《好了

歌》。它说明这样一个道理——世人都在为功名利禄、为金银财宝忙碌折腾，但无论什么样的生命终究是要归于一堆黄土，重要的是不能'反认他乡是故乡'，这是曹雪芹对世界对生命的'悟'。"《红楼梦》很大程度上有曹雪芹自身经历的影子，他通过对人生困境的体验写出了《好了歌》，但终究无法解释这个世界，宝玉最后遁入空门。可以说《红楼梦》的艺术成就超越了国界、超越了民族，更超越了历史，它是人类文明史上的一朵奇葩，这就是经典的价值！

鲁迅小说体现"立人"思想

鲁迅小说是中国现代文学经典。鲁迅，作为中国现代文学史上独领风骚的一杆大旗，他用匕首般的文字戳穿国民的劣根性，体现着中国现代"立人"的思想。朱教授从鲁迅的生平讲起，剖析了他小说中反映的深刻的世态炎凉，着重介绍了他的名篇《药》。"人血馒头"的故事暴露了民众的愚昧，隐含着革命者的牺牲毫无意义，是一种深层次的对辛亥革命的否定。《狂人日记》通篇折射出"吃"与被"吃"的意象——启蒙者结果被启蒙对象活活地吃掉，最后的结局是轰轰烈烈的革命者与默默无闻的民众一同悄然无声地死去。身处革命浪潮中的鲁迅，内心深处的孤独、无助、悲哀展露无余。

21世纪文化是华夏文化

通过对以上三部经典与人类文明之间深层结构的分析，朱教授总结道，文学经典不同于哲学的世界观，它具有更多的感性和感悟，更有生命力和感染力。中国的文学是中国伟大哲学思想的一种生动体现，它以其独有的文化魅力屹立于世界文化之林。这就是为什么会有人预言"21世纪文化是华夏文化"。

原载于《厦门日报》2004年12月6日

做学生的良师益友

——记中文系教授朱水涌

欧阳桂莲　　吴一帆

"要有知识分子的良知,要做学生的朋友。"坐在记者面前的中文系副主任朱水涌教授就是这样的师者形象。

从1994年开始带研究生到现在带博士生,朱老师一直都坚持在本科教学第一线。以前担任过中小学教师的他明白,大学老师很重要的一项任务就是帮助学生完成身份的转换。为此朱老师在具体问题的剖析和知识点的讲授中,更侧重于培养学生观察、把握和分析问题的能力,提供给学生该学科的最新信息和各种研究方法。"我刚上大学时,一位老师视野极开阔,一个问题往纵向讲,可以挖掘一口深井,往横向上看,可以给你一片开阔的世界。我现在也特别注意宏观把握与微观论析的互动。"

朱老师在本科生中开设的"中国现代文学史""中国当代文学史"等课深受学生欢迎,他的全校性选修课、公共课等更是场场爆满。他本人也因教学质量与教学风格突出,在2001年被评为"全校最受学生欢迎的教师"之一。

在交谈过程中,我们感觉到朱老师的心态非常年轻。他说这可能是跟学生长期交流、互动的缘故。除上课外,朱老师把很多的时间放在讲座上。几年来,除人文学院举办的新世纪人文论坛讲座外,他每年至少两次应学生社团邀请无偿为学生开文化、文学的学术讲座。迄今为止,他以各种形式组织了多场学生讨论,并以论文或座谈稿的形式发表在《福建论坛》《厦门日报》《厦门晚报》《文学报》上。

面对研究生教育,朱老师的心情比较复杂。一方面他为越来越多的学生希望继续深造感到高兴,另一方面又不能不直面研究生教育的新问题。"2003年报考现当代文学方向的考生有137人,最后通过复试的只有16

人。有将近十分之九的考生被淘汰，如何不让真的千里马被埋没，这是问题一；如何把这16名学生培养成研究型大学合格的人才，这是问题二。"现当代文学专业之所以成为研究生报考的热门，是因为中国现当代文学与中国20世纪以来的现代化历史进程有着最密切的思想、文化与精神的联系，考生有关注现实的热情，有在中国现代化进程中实现自我的愿望，教师要理解现代学生的心灵世界和文化需求，把握世界格局和中国历史的变动，才能在教学中做出最正确的选择。

"科研是提高教学质量的基础。有好的磨刀石，才能打造出好的宝剑。"朱老师坚信这一点。多年来，他致力于中国现当代文学的研究，他所开设的研究生4门学位课都有他撰写出版的论著作为主要教材或参考教材。他还积极开展教学改革与教学研究工作，先后主持和承担完成了多项国家、省部级科研项目，多次获得省部级社科优秀成果的奖励。

朱老师坦言自己已过了"知天命"的年龄，凡事都以平常心对待；作为一名学者，要有知识分子的良知，要有民族的使命感和责任感；作为一名教师，最起码是不误人子弟，要让学生把你当成值得尊敬的朋友。

原载于《厦门大学报》2004年10月1日

用形象寻找厦大真谛

——评《厦大往事》

余　娜

  90年，长得足以生命凋落、人事淡忘，却又短得如夏花灿烂、意犹未尽。但凡在厦大学习、工作过的人，都会隐约感觉到这所已走过90年风雨的大学的某种蕴藏，自强的浩然之气，至善的完美追寻，探索路途上的爱恨恩怨，学海无涯中的喜乐感伤，它们会伴着厦大人的一生，甚至影响着厦大人生命的那些转折。于是你期盼着看到那些被时间尘封的厦大往事，期盼着了解中国一所著名高校的世事沧桑，正是在这样的期待中，朱水涌撰写的《厦大往事》出版了。书的扉页上写道："历史长河溅起的浪花，是一个个不可陌生的容颜；南强学府的那些故事，蕴含着民族从屈辱中崛起的步点；往事不能如烟，因为那里有我们不能丢失的记忆。"在诗意的表达中，我们已经能感受到作者一种特别的写作情怀。

  《厦大往事》共分三篇，分别为"校主建校的那些日子""校长的那些事儿""南强作家的道道风景"，于是我们知道作者要"说事"了，拨开了历史烟尘去说那些逐渐远去的有意味的事儿，这是这些年来很受读者欢迎的一种历史叙事的方式。作者诉说的"事儿"似乎都很小、很日常、很亲切，像陈嘉庚敲响了陈氏宗祠的锣声，蔡元培家信中的"嘉庚鱼"，林文庆的以狗肉治愈黄遵宪的疑难病症，萨本栋的处理学生的恋爱出轨，王亚南的"野马轩"印章，鲁迅的对厦大女生的"不瞪"，林语堂生命中的两个厦门女性，彭柏山的罹难，林庚的死。但每一件事儿都意味深长，都联系着近代中华民族的盛衰浮沉，联系着中国华侨创办的第一所大学的道道血脉，就在这些"日子""事儿""风景"的叙事中我们读到了一个个南强学府不容忘却的人物和故事，重逢了一段民族从屈辱到复兴的历程，挽留一种弥足珍贵的大学精神。在那些借文字而寻觅、爬梳出来的厦大先贤的足迹中，作者将散落的思想串成了一条厚重坚韧的厦大精神血脉，衬之于近代以来中华民族的复兴故事，读之久久不能忘怀。

作者在书的"后记"中说，他这本书的写作姿态是"以学者的态度，用文学家的叙事，坦陈厦大人的情怀"。这部书是作者用了10年的时间，以一个现当代文学学者的特殊视野在历史迷雾中探寻厦大历史现场的往事叙事。从20世纪90年代开始，他因为研究与其他工作的需要阅读了大量的现代名家的日记、书信、现代报刊及厦大的史料，从中惊喜地发现了厦大的丝丝缕缕，开始了从零零星星中起步的厦大资料积累，这些积累让他萌生了书写厦大的冲动，也让他积淀了抒写厦大往事的底气。书中不胜其烦注明引文出处，让我们见识了作者所奉行的学者的严谨。但作者要写的并非一部学术论著，无论是书的内容还是表述方式，他都无意像他的其他学术著作那样去提出问题与论证问题，他要作的是一部以人物塑造为主体、以故事讲述为趣味的文学史传，尽管这也是以他的研究为基础的，但他则在摒弃理论的话语而努力还原历史感性的活跃，他的注释仅仅是为了提供现场的真实感与历史的细节诱惑。在朱先生的笔下，我们读到的更多的是那些鲜为人知的活生生的人与事，而不是那些编年史般的枯燥的史实记录。在那一条朱先生以简洁有力的文笔挖掘出来的历史河床中，我们看到了校主陈嘉庚与汪精卫的亲密与决裂、与首任校长邓萃英一开始便引出的纠葛，见识了厦大历任校长各自的执掌风格与办学细节，更领略了一群名家在厦大铺就的道道风景：鲁迅45岁的恋爱与寻路，林语堂的来到与离去，顾颉刚与鲁迅隐藏下的"战争"火种，施蛰存的仗义执言与体验山水，以及余光中的骑自行车上学，王梦鸥的热血创作文涯，姚一苇与范筱兰的"情不自禁"等，一个个性格鲜明的人物，一段段饶有趣味的故事，一件件依附于中国高等教育长河中的历史事件与依附于厦大校园的生活细节，都涌动着作者的情感联想，流露出作者独特的书生意气与激情和思考相交融的写作情怀，它让人们的阅读能顺畅地进入与历史的对话，能在亲切中感受到心灵与厦大精神血脉的契合。历史原本就不是存在于故纸堆中，也不是在枯燥的编年日月里，这样一部由校长、师长、学子的生活共同构成的《厦大往事》，是鲜活的，是一部结合着学者与文学家身份写就的书，一部读者喜欢的高校校园传奇。

人们不会忘记群贤楼前的陈嘉庚雕像、图书馆旁的林文庆亭、生物馆背后的萨本栋墓园，不会忘记那一排排由连廊串起的一主四从的嘉庚建筑，还有那芙蓉湖、凤凰树与那敲响了近百年的厦大铜钟。正像每一所历史悠久的名校一样，厦大校园的这一景一物、一山一水、一草一木，背后都隐藏着一些让人记忆的故事，都蕴含着这所南方之强学府的独特文化与精神，哪怕是丝丝缕缕、点点滴滴。你要真正了解厦大，真正体验中国一所名校的沧桑变化，你就需要了解厦大的往事，需要穿越时间的隧道，去感受那流淌在一座座高楼、一座座雕像、一声声钟响、一片片水光山色之间的厦大血脉，阅读《厦大往事》，你便会有这样的收获，这样的感受，你的心中，便会活跃起一群你原本熟悉而陌生的容颜，架立起一个自有其个性与气质的学府形象，她是那么的慷慨豪放，又是那么的幽雅温馨，让你一生不能忘怀，让你爱她到永远。

原载于《厦门大学报》2011年6月17日

文眼看世界　诗意待人生

——专访厦门大学中文系朱水涌教授

王　川　李晓娣

　　初见朱水涌教授时，我们误以为他是一位挺严肃的老师，可当访谈开始，随即发现他其实是个性情中人，很随和。他温文和蔼地与我们交流，从言谈举止中流露出朱老师年轻的心态和大师的气度。

求学·情怀·恩师

　　朱老师向我们讲述了三件令他终身难忘的事情。第一件事发生在1977年，"文革"结束后，全国恢复高考，朱老师考进厦门大学中文系，当时他29岁。朱老师对自己身为厦大77级中文系的一员感到由衷的自豪，他说："当时高考成绩最好的学生都要报中文系。那时候厦大学生活动如田径运动会、话剧表演、歌舞演出等丰富多彩，这些活动基本上都是中文系独占鳌头，就连当时很特别的'投弹'比赛，中文系学生也要拿第一。"朱老师在恢复高考中的经历，激荡着那个时代的回响，也让我们反观自身。当时的青年经过10年的磨难，终于有机会走进大学校园，是极其珍惜学习时光的！这让我们感到，我们虽然身处新时期的"一帆风顺"当中，却也可能由于太过顺利而缺失了宝贵而独特的人生体验，对此我们对朱老师充满了羡慕。

　　第二件令老师难忘的事情是他的个人感情经历，那就是朱老师在大学结婚的事。结婚那天，中文77级的许多同学，从厦门搭了一辆军用汽车，到了翔安一个名叫"田边"的村庄为朱老师与其爱人祝福、贺喜。后来朱老师把这件事写成了散文《结婚的那一天》，这篇朱氏散文后来被不少文学刊物与散文选集转载刊登。朱老师从当代文学研究的视角对这篇散文进行了简单解读，他说："文学作品就是要表现出一个时代的特殊情怀与精

▲ 朱水涌代厦大撰写的《思源谷碑记》

神蕴含，要有时代的生活味道。我的这篇文章就在我个人很普通的婚礼中，体现那个时期大学生的纯真、友情、激越和那个年代滋生着的生活情趣。"1977年恢复高考后，很多知识青年从农村进入城市，从"文革"的动乱岁月走进校园的美好生活，他们遇到志同道合、心灵相通的伴侣，于是废除了原本在农村的婚姻，这是那个时期大学校园中常见的事。所以当朱老师结婚的消息传开以后，《中国青年》的记者就找上门来，想对朱老师的爱情抉择做采访，以对照那些所谓的"弃糟糠妻"现象。不料被坚持自我、崇尚个人自由的朱老师谢绝了。朱老师对此回应说："这个没什么好采访的，爱情、婚姻都是自我选择，坚守与放弃都是个人选择的结果，并不存在着谁对谁非、哪个高尚哪个卑贱的问题。"说到这里，朱老师发出了爽朗的笑声。朱老师坚守着心中那份纯真的情怀，让我们为之感动。

让朱老师终生难忘的还有他的恩师应锦襄先生。应先生出身名门，其父为新中国成立前复旦大学社会学系主任，柳亚子的好友。应先生两年前逝世于美国，根据先生遗嘱，将遗体捐献给人类的科学事业。应先生生前说自己"最大的快乐是有一群学生，最快乐的时光是和学生在一起的时候"。应先生的遗嘱只有一百来字，却两处写到感谢自己的学生，她说，"我感谢你们，我的家人，朋友，主要是我的学生"，感谢苍天给了她教书这个职业，"使我的生活充满了探索的快乐"。应先生从退休一直到逝世前，都在厦大白城自己的家里，义务为中文系的学生开设"文本分析"课程，一届又一届的学生得到了她的恩惠，学生亲切地称之为"应先生私塾"。作为应先生最亲近的弟子，朱老师深深地受到导师的影响，他也是一位特别爱学生特别受学生尊敬的老师。前几日，他还拿出自己的课题经费，为自己的81级学生创作的长篇小说开了个作品研讨会，请中文系的系友和还在学的博士生、鼓浪文学社的成员在厦大研讨文学的问题，朱老师笑称这是自己的"关门弟子"研讨"开门弟子"的创作，老师的幽默让我们忍俊不禁。朱老师常说的一句话是："学生才是老师最伟大的作品，学生是一位教师一生最宝贵的财富。"

青春·想象

面对这个信息纷至沓来、乱花渐欲迷人眼的时代，作家刘同早就喊出"谁的青春不迷茫？"我们就此请朱老师用几个关键词来描述他所理解的青春。"青春是个很大的话题"，朱老师笑着说，但他还是用"纯洁""激情""想象力"三个关键词来代表他眼中的青春。他说，青春是生命中最纯洁、最美好的时期，是让人永生难忘的时光；其次青春是富有激情的，是奋发向上的，是锐意进取的，也是诗情画意的；最后青春是最富于想象力的，年轻人爱幻想，梦想萦绕着青年生命的每一段经历。

在此，朱老师强调说他喜欢"想象力"这个词，他很重视对年轻人想象力的培养。当我们追问培养想象力的途径时，朱老师告诉我们，阅读是培养想象力的很好途径，阅读时会加入个人的经历和想象，让人开动脑筋去联想、想象，参与到阅读对象中。比如读《哈姆雷特》，自然会"一千个读者有一千个哈姆雷特，当看影视作品，一千个观众则只有一个哈姆雷特，那就是演员塑造、导演理解的哈姆雷特"。他说我们现在生活在一个信息爆炸的时代，我们的视觉、听觉等感官每天要接受24小时的信息轰炸，从某种程度上讲，这对我们想象力的发挥是一种限制。读图的时代，用直观的画面来表达我们的世界，信息让我们应接不暇，这会减弱我们对这世界的想象和思考，对我们来说实际是莫大的损失。朱老师对想象与思考的强调，对我们来说是个及时的提醒，因为对于研究生来说，想象力亦是不可或缺的重要能力，缺少了想象力，学术研究的创新性和独特性就会

▲ 朱水涌作词、谷建芬作曲的《厦门大学校友之歌》

大打折扣，没有创新力，我们又如何推动自身乃至社会、国家的发展呢？

学术·爱好

当谈及学术研究，朱老师认为古人所说的"读万卷书，行万里路"在今天依然是重要的求知之道。他强调人文学科的学习贵在学术积累，有积累才能有发现，在"专"与"博"的关系上，他认为先要做到"专"，有自己专业领地，找到自己的研究位置，才能触类旁通，"一通抵达百通"，学问本来就是由"专"到"博"的渐进过程。同时还要借助现代学术资源，扩展研究视野，汲取新的方法。朱老师还认为，学术研究有一两个观点、几篇文章为人所记住就可以说是成功的了。他说他并非鲁迅研究专家，可是"鲁迅在厦门"的研究是他研究的独特所在，这在鲁迅研究上是为人所知的；又如他的《〈红旗谱〉与〈白鹿原〉：两个时代的两种历史叙事》，因为有独特视角和观点，所以至今为当代文学研究者常常提起。朱老师说，学术研究就是要善于发现问题，寻找研究的独特价值所在。这对于我们的学术研究有重要的启发。

后来，朱老师笑着说"做学问也别忘了生活啊"，而当我们追问他日常生活中的兴趣爱好，朱老师几乎是不假思索地笑说"过度爱好，情趣太多"。朱老师不仅在学术上成就斐然，他的生活也是丰富多彩、富有诗意的，他很早就发表过剧本、歌曲和小说，平时爱打乒乓球、拉小提琴、拉二胡，吹拉弹唱都来一点。我们这才知道，朱老师还曾一度担任过他老家县城的一个文工团的团长。

通过这次采访，我们深刻感受到在这样一个让人躁动不安的时代，我们首先要找准自己的位置，用人文精神浇灌我们的心灵家园，以"文眼看世界，诗意待人生"的姿态，踏踏实实学习，为将来打下坚实的基础。

2013年12月12日

▲ 朱水涌代厦大撰写修订的《厦门大学义赡记》

第四辑　附录

著作与主要论文选目

1.专著

- 《诗歌形态美学》（与盛子潮合著），厦门大学出版社1987年版
- 《文化冲突与文学嬗变》，海峡文艺出版社1994年版
- 《世界文学格局中的中国小说》（与应锦襄、林铁民合著），北京大学出版社1997年版
- 《世纪之交的中国文学》，厦门大学出版社2000年版
- 《中国文学：世纪初与世纪末》，鹭江出版社2000年版
- 《中国现当代文学》（与李小红合著），北京科学出版社2000年版
- 《叙事与对话——比较视野下的中国现当代文学》，南京大学出版社2007年版
- 《闽南文学》，福建人民出版社2008年版
- 《厦大往事》，厦门大学出版社2011年版
- 《簧门絮语》，厦门大学出版社2016年版
- 《蔡天守：一位晋江人的传奇》，厦门大学出版社2021年版
- 《陈嘉庚传》，厦门大学出版社2021年版

2.主编的著作

- 《鲁迅：厦门与世界》，厦门大学出版社2008年版
- 《鼓浪闻音——名家笔下的鼓浪屿》，北京电子工业出版社2011年版
- 《武夷山世界文化遗产的监测与研究》第一辑，厦门大学出版社2005年版
- 《武夷山世界文化遗产的监测与研究》第二辑（闽文化与武夷山）、第三辑（朱子理学与武夷山文化），厦门大学出版社2008年版
- 《武夷山世界文化遗产的监测与研究》第四辑（武夷山文学），厦门大学出版社2010年版
- 《人文学院院史》《化学化工学院院史》《生命科学学院院史》等厦门大学百年院系史系列27种，厦门大学出版社2021年至2022年出版

3.主要论文选目

- 茅盾社会主义文学风格论，《厦门大学学报》1983年文学语言专号

- 新时期乡土小说艺术谈，《福建论坛》1984年第4期

- 与友人谈散文诗的主导美学性格（与盛子潮合著），《当代文艺探索》1985年第5期

- 抒情诗的情感结构和几种物化形态（与盛子潮合著），《文艺研究》1985年第5期

- 新时期小说中象征的破译和审美意义（与盛子潮合著），《当代文艺思潮》1985年第6期

- 创作个性诸因素的组合及发展（与盛子潮合著），《浙江学刊》1985年第5期

- 追求：从迷惘到坚定——新时期小说青年形象风貌一面观（与盛子潮合著），《当代文艺探索》1986年第3期

- 抒情诗：审美情感的节律化（与盛子潮合著），《当代创作艺术》1986年第1期

- 逆向思维与作家的美学发现，《福建文学》1986年第11期

- 走向诗的小说（与盛子潮合著），《当代文艺探索》1986年第6期

- 小说的时空交错和结构的内在张力（与盛子潮合著），《文艺研究》1986年第6期

- 新时期小说的多重世界和艺术秩序（与盛子潮合著），《小说评论》1987年第2期

- 真诚的归真与困惑，《当代作家评论》1987年第2期

- 鲁迅与新时期小说，《厦门大学学报》1987年增刊

- 感觉世界：新时期小说的一种形态（与盛子潮合著），《文学评论》1987年第4期

- 中西咏物诗的主导美学性格（与盛子潮合著），《当代文艺探索》1987年第5期

- 新时期小说创新的奥秘和意义——对一个并非仅仅属于小说形式的理论探讨（与盛子潮合著），《当代文坛》1987年第5期

- 隐秀与反讽——中西文学撞击中两类小说的叙述比较，《福建论坛》1987年第5期

- 新时期写实小说叙事观（与盛子潮合著），《文艺报》1988年3月19日

- 系列化和缀段性——当前小说形态上的一种双向对流（与盛子潮合著），《文

艺评论》1988年第4期

- 诗和小说语言的微观论析（与盛子潮合著），《文学评论家》1988年第5期

- 矛盾的这一群——知识分子形象浅谈，《文艺报》1989年3月11日

- 小说空间与空间小说（与盛子潮合著），《小说评论》1989年第2期

- 对峙的运动与周期性震荡——中西文论的一个比较，《福建论坛》1989年第3期

- 寻找叙事的最基本构成，《厦门大学学报》1989年第4期

- 历史传奇：史传传统与史诗模式，《文学评论》1990年第2期

- 把两种伟大文学结合起来思考，《外国文学》1990年第3期

- 到稚童世界寻找，《艺术世界》1992年第3期

- 叙事：小说与电影（上、下），《福建艺术》1982年第3期、第4期

- 人文环境与知识分子，《上海文学》1994年第5期

- 历史的泼墨与写意，《解放军文艺》1994年第12期

- 南帆与中国当代文学批评，《当代作家评论》1995年第5期

- 历史、现实与精神探寻——90年代长篇小说论析，《厦门大学学报》1998年第3期

- 《白鹿原》与《红旗谱》：两个时代的两种历史叙事，《小说评论》1998年第4期

- 当前家族小说的创作倾向，《文艺报》1998年9月17日

- 社会鼎革与文化转型的历史呼应——谈90年代反映明清时期的历史小说，《福建论坛》1999年第1期

- 现代性与五四新文化运动，《厦门大学学报》1999年第3期

- 五四与新时期：一个百年文学的不解纠葛，《文艺理论研究》1999年第4期

- "滥造"：对当前创作的提醒与批评，《文艺报》1999年12月28日

- 论90年代的家族小说，《厦门大学学报》2001年第1期

- 全球化与中国当代文学的格局研究，《东南学术》2001年第1期

- 关键词、话语分析与学术方法，《当代作家评论》2004年第2期

- 厦门时期的鲁迅：温暖、无聊、寻路，《厦门大学学报》2006年第6期

- 文学史研究：一个学术个案的分析，张炯：《中国当代文学研究（2005卷）》，文化艺术出版社2006年版；白烨：《2005年文学批评新选》，文化艺术出版社2006年版
- 文学家的国学与史学家的国学，《社会科学学报》2006年12月22日
- 从现实"症结"介入现实——以王安忆、毕飞宇、阎连科近年创作为例，《文学评论》2007年第6期
- 现代性的空间焦虑——中国当代文学六十年的一种精神状态，《厦门大学学报》2009年第6期
- 传统重建为何尴尬——以寻根文学为例，《文艺争鸣》2009年第6期
- 中国文化现代转型中的闽籍学者（与严昕合著），《福建论坛》2010年第7期
- 文化转型初期的一种中国想象，《浙江大学学报》2010年第6期
- 我们需要文学教育，《文艺报》2011年3月14日
- 许地山与粤讴（与曹小娟合著），《中国现代文学研究丛刊》2010年第5期
- "冷战"中的英雄塑造与意识形态——谈谈十七年文学的英雄塑造问题，《新文学评论》2012年第1期

—— 大事年表 ——

1949年	10月17日（农历八月十六日）生于厦门市同安县马巷镇。
1957年（8岁）	就读同安县马巷中心小学，曾任少先队中队长。
1962年（13岁）	考上同安县第一中学，完成初中、高中学业，担任过班级文艺委员，参加同安一中文艺宣传队。
1969年3月至 1973年2月 （20岁至24岁）	任大队毛泽东思想文艺宣传队编剧与导演，编导样板戏移植的歌仔戏《白毛女》及《红灯照》等；开始在《同安文艺》发表文艺作品，主要有小歌剧《十个鸡蛋》《兄妹俩》和诗歌、散文等。
1973年（24岁）	同安县果园中学任民办教师，教初中物理课程，负责学校文艺宣传队的组织、编导工作，创作小歌剧《前线小民兵》；在《福建日报》副刊《武夷山下》发表小歌剧《五斤黄豆》，开始正式发表文艺作品；被评为"厦门市文艺活动积极分子"。之后，在《厦门文艺》1975年10月号与《厦门文艺》1977年7月号上发表小说《红缨歌》与《成绩单》。
1978年（29岁）	考进厦门大学中文系，恢复高考制度后的第一届大学生，社会上称"七七级大学生"。
1979年（30岁）	参加厦门大学中文系学生文学组织"朝花文学社"，在《鼓浪》复刊后的1979年第一期、第二期上分别发表小说《心声》和《探索》，《探索》获厦门大学

1979年全校作文比赛二等奖。

1980年（31岁）　与叶最花女士结婚，厦大中文系七七级同学前往马巷祝贺。大女儿朱小菁出生。

1981年（32岁）　论文《题材、人物和结构》入选厦门大学中文系纪念建校60周年《学生论文选》，散文《萤火虫》获厦门大学1981年作文大赛一等奖，小说《皎月》获三等奖，散文《读鲁迅致萧红的信》在《鼓浪》1981年纪念鲁迅百年诞辰专号上发表，小话剧《队旗下》获"鹭岛花朵"文艺会演创作奖与演出奖，入选福建省戏曲研究所编选的《儿童剧作选》；被评为校"三好学生"，当选厦门大学学代会代表，任中文系学生会文艺委员。

1982年（33岁）　大学毕业，获文学学士学位，留校任中国现当代文学助教；担任中文系1981级班主任；二女儿朱莹莹出生。

1983年（34岁）　学士毕业论文《茅盾论社会主义文学的个人风格》在《厦门大学学报》1983年"汉语言文学专号"发表，开始正式发表学术论文；试讲"中国当代文学史"课程。

1984年（35岁）　为徐元度教授整理《关于莎菲的艺术形象及其原型》和《关于莎菲的原型问题》，分别发表在《厦门大学学报》和《新文学史料》上，引起学术界较大反响；在《福建论坛》发表《新时期乡土小说艺术谈》；为理科选修班讲授《大学语文》，任"中国现代文学史"助教；出席在西安召开的"中国当代文学学会第四届年会"和在厦门召开的"全国丁玲创作研讨会"，开始以现当代文学研究者身份出席全国相关学术会议。

1985年（36岁）　与盛子潮合作撰写的论文《抒情诗的情感结构和几种物化形态》《与友人谈散文诗的主导美学性格》《新时期小说中象征的破译和审美意义》《创作个性诸因素的组合与发展》等分别在《文艺研究》《当代文艺探索》《当代文艺思潮》《浙江学刊》发表，中国当代评论界出现"北有张陵、李洁非，南有盛子潮、朱水涌"的说法；中国当代文学研究会福建分会成立，被选为副秘书长；参加在厦门召开的全国文学评论方法论讨论会；在南昌召开的中国当代文学学会理事扩大会上增选为学会理事；参与应锦襄教授主持的国家教委博士点科研项目"中西小说技法结构比较"研究；开始讲授"中国当代文学史"课程，开始辅导本科毕业论文的写作；被评为"厦门大学先进教育工作者"。

1986年（37岁）　发表学术论文13篇；赴京参加"新时期文学十年学术研讨会"；提交论文《多重世界的组合及其艺术秩序》（后发表于《小说评论》）；讲授"新时期文学研究"选修课。

1987年（38岁）　论文《鲁迅与新时期小说》获厦门大学哲学社会科学中青年优秀论文奖；福建省比较文学学会成立，任副秘书长；第一部文学研究专著《诗歌形态美学》（与盛子潮合作）由厦门大学出版社出版。

1988年（39岁）　出席"全国文艺理论建设与中外文化交流学术研讨会"，提交论文《对峙的运动与周期性震荡》（后发表于《福建论坛》）。

1987—1989年
（38—40岁）　与盛子潮合作撰写的《新时期小说的多重世界与艺术秩序》《小说空间与空间小说》《感觉世界：新时期小说的一种形态》《论新时期小说叙事观点的演化》《新时期小说中象征的破译与审美意义》等小说文体研究系列论文，分别发表于《小说评论》《文学评论》《文艺评论》《当代文艺思潮》等刊物，《文艺报》《文艺理论研究》《文艺理论与批评》《文艺评论》《飞天》等刊物对论文的主要观点加以推荐介绍；为厦门大学现当代文学专业的硕士研究生开设"当代文学问题研究"学位课程；1989年任中文系现当代文学教研室主任，开始讲授"中国现代文选"。

1990年（41岁）　参与应锦襄主持的国家社会科学研究基金项目"世界文学格局中的中国小说研究"；在《文学评论》发表该刊封面推荐论文《历史传奇：史传传统与史诗模式》；讲授全校选修课程"文化冲突与新时期文学"，选修者达285人；关注本土文学创作，为厦门作家的创作及年度小说创作撰写评论。与盛子潮合著的《诗歌形态美学》获浙江文学学会1987—1988年度优秀科研成果一等奖；被评为"厦门大学教书育人先进工作者"。

1991—1992年
（42—43岁）　1991年2月至6月，应邀至香港中文大学与英文系主任周英雄教授合作研究中西小说比较；为福建、厦门作家撰写创作评论，应《福建日报》副刊《武夷山下》之约创作、发表杂文小品文；被评为厦门大学"张子露优秀贡献"一等奖。

1993年（44岁）　为纪念厦门特区创办10周年撰写文献纪录片文稿《世纪之春》，开始电视纪录片文稿创作。应约与俞兆平、谢春池在《特区工人报》开辟"三套车"专栏，应约为复办的《厦门晚报》撰写系列小品文；参加厦门文联《厦门优秀文学作品（1982—1993）》编选工作，负责小说卷的编选，撰写《厦门优秀文学作品选·小说卷导言——一次叙事的演示》。

1994年（45岁）　出版第2部研究专著《文化冲突与文学嬗变》（海峡文艺出版社出版）；为赖妙宽的小说集《天赐》作序；被任命为厦大中文系副主任；遴选为硕士研究生导师，主持中国现当代文学硕士专业点的建设，开设"当代文学问题研究""中国当代文学思潮研究"等硕士学位课；开始为本科生讲授"中国现代文学史"；撰写四集电视纪录片文稿《厦门谣》，首次将电视的视域投注到厦门城市的文化与历史。

1995年（46岁）　主持召开全国首次林语堂学术研讨会"林语堂百年诞辰学术讨论会"；重新整理、撰写、布置鲁迅纪念馆；文献纪录片《世纪之春》获中国电视奖1994年度社会政治类二等奖，1996年再获中共中央外宣办、中国广电部颁发的全国海外电视节目专题片二等奖；《厦门谣》获中国电视奖系列片类三等奖，《石恋》获中央电视台和世界妇女大会的电视专题优秀奖；小品文、散文创作收获很大；当选中国当代文学研究会理事。

1996年（47岁）　　与应锦襄、林铁民一起完成国家社科基金项目"世界文学格局中的中国小说研究"；立项主持国家社科基金项目"九十年代文学思潮研究"；鲁迅纪念馆在"突出特点，修缮一新"后重新开放；为《同安交通志》《同安文化艺术志》写序言；电视纪录片《石恋》获第二届中国电视纪录片学术奖三等奖；撰写庆祝厦门特区建设15周年的大型纪录片《世纪之路》（上、下）；当选中国比较文学学会理事。

1997年（48岁）　　与应锦襄、林铁民合著的《世界文学格局中的中国小说》由北京大学出版社出版，为北大百年校庆"学术前沿丛书"的北京大学比较文学研究丛书之一；撰写电视政论片《廉政，特区的承诺》、厦门城市形象片《白鹭诗篇》等，大型纪录片《世纪之路》获福建省电视理论宣传片二等奖；发表论文《现状与未来：世纪交替的文学》；为闽西作家的诗集《有座红房子》和《生命的火花》作序；发表《面对新世纪人文学科教学的两点思考》，主持福建省教委教改项目"面向21世纪汉语言文学专业主干课教学内容改革研究"；加入中国民主同盟；加入中国作家协会，当选厦门市作家协会副主席；自1997年1月至2011年1月为厦门市政协第九届、第十届、第十一届委员。

1998年（49岁）　　《〈红旗谱〉与〈白鹿原〉：两个时代的两种历史叙事》在《小说评论》与《文艺理论研究》刊发，后选入人民文学出版社出版的《〈白鹿原〉评论集》；著作《文化冲突与文学嬗变》获福建省第三届社会科学优秀成果三等奖；获厦门大学清源奖（科研）。

1999—2000年
（50—51岁）

《现代性与五四新文化运动》《五四与新时期：一个百年文学的不解纠葛》《中国现代小说：世纪初与世纪末》等论文发表，现当代文学研究深入内在关联上，在中国比较文学学会第六届年会暨国际学术研讨会、中国小说第五届年会、中国当代文学史史学观念讨论会等会上报告研究成果；参与策划厦门市庆祝中华人民共和国50周年的大型广场文艺联欢晚会《时代礼赞》，为《时代礼赞》总撰稿人。

2000年（51岁）

著作《世纪之交的中国文学》由厦门大学出版社出版，著作《中国文学：世纪初与世纪末》由鹭江出版社出版，著作《中国现当代文学》（与李晓红合著）由北京科学出版社出版；著作《世界文学格局中的中国小说》获厦门市第四次社会科学优秀成果奖二等奖、福建省第四届社会科学优秀成果三等奖；主持的"中国现代文学史课程"获评福建省普通高等学校优秀课程，"高校文化素质课汉语言文学工程"获福建省高等教育教学成果二等奖；参与国家社科基金项目"作为世界性语种的华文文学研究"的研究；当选中国小说学会理事。

2001年（52岁）

在广州召开的"价值重建与二十一世纪文学研讨会"大会上作《21世纪中国文学：超越前现代与后现代的紧张》大会发言，在苏州大学召开的"中国当代文学史（1949—1976）学术研讨会"上作《〈三里湾〉〈创业史〉〈山乡巨变〉：十七年文学的叙事关系研究》大会发言；出席新加坡第五届传统文化学术研讨会，做《全球化与新加坡·同安的文化家园》演讲；

"新世纪中国文学发展研究"获福建省社科基金立项；主持重建鲁迅纪念馆工作；撰写厦大电视形象片文稿《光荣与希望》；《海上花园学府，中国南方之强》由厦门大学出版社出版，开始厦门大学历史文化研究。

2002年（53岁）　著作《世纪之交的中国文学》获第八届中国当代文学研究成果奖；电视纪录片文稿《人民医生林巧稚》（上、下两集）获中国广播电视新闻奖长片三等奖。

2003年（54岁）　主持国家社科基金研究项目"中国现代小说关联研究"；著作《世纪之交的中国文学》获厦门市第四次社会科学优秀成果奖二等奖、福建省第五届社会科学优秀成果三等奖；撰写大型文献纪录片文稿《陈嘉庚》（共六集），为期两年，该纪录片获福建省电视专题片一等奖；撰写纪录片文稿《陈嘉庚与集美学村》。

2004年（55岁）　被任命为厦门大学人文学院副院长；参加《厦门优秀文学作品选（1994—2003）》编选出版工作，负责中篇小说卷的编选，撰写《厦门优秀文学作品中篇小说卷·导言》。

2005年（56岁）　论文《文学史研究：一个"学案"的分析》被选入《2005年度文学批评新选》；主编"中国现当代文学关联研究丛书"；主持建立武夷山世界文化遗产考察、监测与研究教学实习基地，主编"武夷山世界文化遗产的监测与研究"第一辑；与周海婴、周令飞等鲁迅亲属商讨鲁迅纪念馆重新布展及鲁迅学术研讨会事宜；为厦门创建全国文明城市撰写形象专题片

文稿《文明城市的步履》；遴选为中国现当代文学
博士导师，主持中国现当代文学博士专业点工作，开
设"现当代文学问题研究""中国现当代文学思潮研
究""世纪之交文学思潮研究"等博士生课程。

2006年（57岁）　厦门大学建校85周年校庆，主持鲁迅纪念馆重修后的
开馆仪式暨鲁迅国际学术研讨会，在研讨会上做《厦
门时期的鲁迅：温暖、无聊、寻路》发言；会后主编
出版《鲁迅：厦门与世界》；在浙江大学召开的"文
化生态与十七年文学历史评价"国际学术研讨会上做
《"冷战"的焦虑：十七年文学的一种解读》的大会
发言；在中国当代文学研究会第十四届年会做《当下
小说：在前期现代性与后期现代性的遭遇中》发言；
在海南召开的"当代文学与文化研究"学术讨论会上
做《芭比的启示》发言；应邀在香港中央图书馆演讲
厅做"鲁迅与中国现当代文学"的演讲；参与厦门大
学国学研究院复办工作，任复办后的国学研究院的学
术委员与行政委员，在《社会科学学报》发表《文学
家的国学与史学家的国学》。

2007年（58岁）　《叙事与对话——比较视野下的中国当代文学》由南
京大学出版社出版；在扬州大学召开的"乡下人进
城"学术研讨会上做《乡下人进城：在前现代与后现
代遭遇中》的大会发言；在北京召开的"中国革命与
中国文学"国际学术研讨会上做《中国当代文学的英
雄塑造与意识形态》大会发言；在漳州召开的林语堂
国际学术研讨会上做《两脚踏中西文化的闽南情怀》
发言；在北京大学中文系与厦门大学中文系举行的

"林庚先生新诗创作暨赴厦大任教七十周年"纪念研讨会上发表《林庚先生在厦大》；在厦门"海洋论坛"上作《海洋环境与闽南文学的主题与创作意识》专题报告；为厦门大学撰写《厦门大学水库题记》；被评为"厦门市优秀教师"。

2008年（59岁）　《闽南文学》由福建人民出版社出版；主编出版"武夷山世界文化遗产的监测与研究"第二辑《闽文化与武夷山》和第三辑《朱子理学与武夷山》；《鲁迅与顾颉刚论纲》刊发在中华书局出版的《厦门大学国学研究院集刊》第一辑；作为厦门作家代表前往金门与金门写作协会交流；在南京大学召开的"民族认同、启蒙思潮与百年中国文学"国际学术研讨会上做《启蒙：现代文学史研究的尴尬》的大会发言；在厦门大学召开的"鲁迅、新文学传统、当代文艺"理论研讨会上做《鲁迅传统与当代文学》大会发言；赴台北参加"海峡两岸出版交流20周年纪念活动暨第四届海峡两岸图书交易会"；在泰国皇太后大学举办的"中国文化论坛"上做《人的设计：中西文化的一个比较》专题演讲，在皇太后大学的孔子学院讲授"中国当代文学"课；在北京召开的"传统文艺：2008北京文艺论坛"上做《重建传统的尴尬》大会发言；参加在长沙召开的第三届鲁迅论坛，做《立人：鲁迅与新时期小说》发言；参与策划厦门大学"纪念恢复高考三十周年七七、七八厦门大学大聚会"活动；为故乡志《马巷》作序。

2009年（60岁）　撰写福建人民出版社出版的《闽南文化百科全书·文

学卷》；主持召开厦门大学、日本东北大学、北京鲁迅博物馆联合主办的"中日视野下的鲁迅"国际学术研讨会，做《厦门大学时期的鲁迅与顾颉刚》大会发言；主持鲁迅孙子周令飞和日本藤野先生孙子藤野幸弥百年来的第一次第三代人对话；著作《叙事与对话——比较视野下的中国当代文学》获福建省第八届社会科学优秀成果三等奖；"武夷山世界文化遗产的监测与研究"获福建省高等学校教学成果二等奖；在北京大学召开的"五四与中国现当代文学"国际学术研讨会上做《闽籍学者与中国文化现代转型的启示》的大会发言；在上海大学与美国加州大学举办的"中国当代文学六十年"国际学术研讨会上做《空间焦虑：中国当代文学六十年的一种精神状态》的发言；在"海峡两岸国学高端论坛"上做《厦门大学国学院的启示》的发言；办理退休手续，因学校需要，留任人文学院副院长。

2010年（61岁）　　在浙江大学召开的"百年中国文学与中国形象"国学学术研讨会上做《文化转型中的一种中国想象》大会发言；带博士生代表赴中国台湾参加台湾政治大学与复旦大学联合举办的"跨越与开放——2010两岸青年研究生文学高峰论坛"，做《二十世纪中国文学如何研究》演讲；《闽南文学》获厦门市第八次社会科学优秀成果三等奖；撰写纪录片文稿《厦门文联六十年》，第二次被评为"厦门市文艺先进工作者"；主持的"武夷山世界文化遗产的监测与研究"获福建省教学成果二等奖；与邬大光副校长一起访问马耳他大学和德国特里尔大学；与孙世刚副校长一起访问中国台湾清华大学、中山大学、阳明山大学等中国台湾高校。

2011年（62岁）　厦门大学90周年校庆，撰写电视纪录片文稿《厦大蓝图》和形象宣传片《南强之旅》，撰写陈嘉庚塑像、陈敬贤塑像、李光前塑像、林文庆别墅、"思源谷"石碑、七星园等碑记；著作《厦大往事》由厦门大学出版社出版。发表在《文艺报》上的长文《我们需要文学教育》，引起全国性的"人文素质与文学教育"大讨论。为鼓浪屿申请世界文化遗产主编《鼓浪闻音——名家笔下的鼓浪屿》；招最后一届博士生；受聘为福建省百花文艺奖专业评议组评委；辞人文学院副院长职务；2011年至2021年，受聘为政协厦门市第十二届、第十三届委员会特邀研究员。其间，代表性论文有《全球化与中国当代文学的格局研究》《从现实"症结"介入现实——以王安忆、毕飞宇、阎连科近期创作为例》《现代性的空间焦虑——中国当代文学六十年的一种精神状态》《中国文化现代转型中的闽籍学者》《文化转型初期的一种中国想象——论〈中国人自画像〉〈中国人的精神〉〈吾国吾民〉的中国形象塑造》《"冷战"中的英雄塑造与意识形态——谈谈十七年文学的英雄塑造问题》；为厦门大学撰写《思源谷碑记》。

2012年（63岁）　厦门大学教师发展中心被评为"国家级教师教学发展示范中心"，被聘为厦门大学教师发展中心常务副主任；为厦门大学法学院1992届毕业生撰写《鹰园题记》。

2013年（64岁）　厦门大学入选联合国IQA项目，教发中心为该项目主持；为纪念集美学校创建100周年撰写电视纪录片文稿《百年学村中国梦》；为厦门大学撰写《李光前、陈

爱礼伉俪石像题记》；主编纪念导师应锦襄纪念文集
《永远的微笑》；为鼓浪屿申请世界文化遗产撰写长篇
纪录片文稿《鼓浪屿往事》共六集；参与"世界朱氏联
合会20周年庆暨世界朱氏宗亲恳亲会源流论坛"的策划
与组织，作《邾国故城、永城固始、唐朝入闽与朱氏源
流》大会报告，被聘为世界朱氏联合会顾问。

2014年（65岁）　　　在"2014闽派文艺理论家批评家高峰论坛"上做《先
锋不再，区域崛起》发言；在"联合国世界哲学日
（厦门大学）"开幕式上致辞；厦门市开启"嘉庚精
神宣传月"活动，在厦门大会堂作《一个人，一座城
与中华民族》报告，创作大型电视诗文朗诵《嘉庚
颂》；"本科教学质量提升机制建设"（主要负责
人）获福建省教学成果一等奖；受聘厦门市文联首届
文学艺术委员会委员；继续受聘为厦门市非物质文化
遗产保护专家组成员。

2015年（66岁）　　　领导教师发展中心开始开展"师资闽台联合培养"工
作；为厦门大学撰写《北斗林园题记》。

2016年（67岁）　　　随笔集《黉门絮语》列入"凤凰树下随笔集"，由厦
门大学出版社出版；撰写厦门大学建校95周年的形象
纪录片文稿《厦门大学走向世界》，完成音乐舞蹈史
诗《南强颂》创作；为厦门大学撰写校歌石《"知无
央，爱无疆"题记》；与福建省教育厅领导赴中国台
湾调研闽台师资联合培养开展情况；《嘉庚颂》获福
建省广播电视艺术奖综艺节目一等奖。

2017年（68岁）　免去厦门大学教师发展中心常务副主任职务，留任教师发展中心教学指导委员会主任；撰写纪录片文稿《走进世界的厦门大学》；参与金砖五国领导人厦门会晤厦门大学活动方案策划，为该方案主笔。

2018年（69岁）　"一流大学内涵建设中教师教学能力提升时间探索"（主持）获福建省教学成果一等奖；参与《一代鸿儒——记化学家蔡启瑞》的编辑出版，并撰写《"模拟固氮"三人行》；被聘为《厦大党政工作研究》编委会委员；撰写在厦门大学举行的全国大学生创新创业大赛的专题纪录片文稿。

2019年（70岁）　被聘为厦门大学百年校庆系列出版物编委会成员，并任百年院系史编纂组组长与百年学术论著选刊编纂组成员；动笔创作《陈嘉庚传》；创作合唱《百年厦大赞歌》（郭伟作曲）。

2020年（71岁）　主笔《厦门大学100周年校庆公告》（第一号），纪念厦门大学筹备会在沪召开100周年，创作情景小剧《黄浦滩上的厦大浪花》在复旦大学演出，发表《为了不忘初心的纪念》；创作诗朗诵《继往开来迎百年》；撰写百年厦门大学形象纪录片文稿《百年厦大》；被聘为厦大百年校庆艺术专家委员会委员。

2021年（72岁）　传记文学《陈嘉庚传》作为"厦大百年精神文化系列"之一由厦门大学出版社出版，传记文学《蔡天守：一位晋江人的传奇》在厦门大学出版社出版；主编厦大百年院系史27部并做《厦门大学百年院系发展概述》；撰写厦大百年代表性学术著作之一鲁迅的《汉文学史纲》重版《导言》；创作四幕情景剧《南强红笺》；被聘为厦门市闽南文化保护专家委员会副主任。

2022年（73岁）　　在厦门海峡两岸纪念郑成功逝世360年学术研讨会上做《郑成功的民族精神与家国情怀》演讲；为厦门大学校友展馆修订馆展文字；论文《当民族复兴精卫，做担当使命愚公》获厦门市"陈嘉庚与新时代精神"主题征文一等奖；为厦门大学2022年新生开学仪式创作诗朗诵文稿《挺膺担当，强国有我》。

2023年（74岁）　　撰写《厦门大学义赡记》，碑立厦门大学翔安校区；撰写庆祝闽南佛学院建院100周年的纪录片文稿《闽院百年》；参加中共中央领导同志召集的"学习习近平总书记关于文化传承发展重要讲话座谈会"；"引领·保障·服务：国家级教师教学发展示范中心建设的十年实践"（主要参加者）获国家级教学成果二等奖。